ECONOMIA VERDE

Sociedade da informação em face do artigo 170 da Constituição Federal brasileira

Martim de Almeida Sampaio

ECONOMIA VERDE

Sociedade da informação em face do artigo 170 da Constituição Federal brasileira

1ª Edição
POD

Petrópolis
KBR
2012

Edição de texto **Noga Sklar**
Editoração: **KBR**
Capa **KBR sobre imagem de Arquivo (Google)**

ISBN: 978-85-8180-060-8

KBR Editora Digital Ltda.
www.kbrdigital.com.br
atendimento@kbrdigital.com.br
55|24|2222.3491

340 — Direito

Martim de Almeida Sampaio é advogado internacionalista, com mestrado e doutorado pela Pontifícia Universidade Católica de São Paulo, e professor licenciado de Direito Internacional pela Faculdades Metropolitanas Unidas – FMU. Iniciou sua militância política no movimento estudantil durante a ditadura militar no Brasil (1964-1985), participando de diversos movimentos sociais e organizações populares de resistência ao autoritarismo e ao regime de exceção. Ganhou o Prêmio Jabuti de Literatura como coautor do livro *Os negócios e o Direito*. *Economia Verde* é a atualização de sua Tese de Doutorado em Direito das Relações Econômicas Internacionais, defendida na PUC-SP

Email: martim.sampaio@uol.com.br

Aos meus ancestrais, meus pais.
Ao meu mestre, orientador e amigo Claudio Finkelstein, por seu
conhecimento e generosidade de caráter.
Ao mestre e amigo Ricardo Hasson Sayeg.
Aos professores, funcionários, alunos, amigos e colegas da
Pontifícia Universidade Católica de São Paulo.
A Eduardo e Cecília, eterno amor e gratidão.

Seria a Sociedade da Informação, com a globalização e seus cognatos, antagônica aos Direitos Fundamentais da pessoa humana? Há alternativa aos marcos atuais do capitalismo? É possível uma alternativa sustentável?

Para conformar o capitalismo atual com as exigências da globalização, respeitando o ser humano é fundamental a adoção de um novo paradigma com a adoção da Economia Verde, que construirá um capitalismo humanista.

Sumário

Prefácio

Tive o prazer de conhecer o Dr. Martim Sampaio no início do século corrente, quando foi por mim aprovado no concurso de ingresso ao Curso de Mestrado da Pontifícia Universidade Católica de São Paulo, onde, em brevíssimo espaço de tempo, obteve o título de Mestre, com uma performance além da esperada nessa fase da Pós-Graduação.

A mesma natureza instigante e investigativa que se mostrou presente no início de seus estudos Pós-Graduados o levou a tentar novamente obter uma vaga no concorridíssimo concurso de doutoramento na mesma Universidade, onde novamente tive o prazer de orientá-lo, e constatar que em tempo recorde o Dr. Sampaio concluiu os créditos necessários e redigiu a tese que agora se apresenta em forma de livro, contendo a totalidade das alterações que sua banca, quase perfeita, sugeriu à guisa de complementação — diria eu que quase desnecessárias dada a nota máxima obtida na defesa pública de sua tese, assim como pela completude do trabalho arguido e das inquirições lá contidas sobre a natureza das alterações introduzidas em nossa sociedade pela chamada economia verde, objeto central de seus estudos em nível de doutoramento.

O Dr. Sampaio conseguiu de forma magistral identificar na atual fase da globalização um dos principais vieses da nova atividade produtiva, vocacionada a preservação das populações e seus espaços físicos. Em Pós-Graduação, nosso principal objetivo é instigar o aluno a pensar o Direito, adequando a realidade estudada às necessidades humanas, fixando os paradigmas para a produção legislativa e judiciária e estruturando o sistema, ainda que numa fase doutrinária.

A obra que agora tenho o prazer de prefaciar é exatamente isso:

a externação dos novos paradigmas a que a sociedade globalizada tem que se adequar para prosseguir em sua caminhada evolutiva. As bases nas quais o Direito contemporâneo se assentou foram exauridas com a crise econômica de 2008, e a vivência do autor numa economia avançada e destroçada, a Islândia — ainda que baseada na exploração desordenada de seu pequeno território e mares —, e as respostas que se apresentaram numa averiguação jurídico-econômica, extrapolam os limites geográficos daquela pequena nação, transmitindo ao leitor uma percepção viva do que é necessário aos povos das nações civilizadas para conseguir equacionar suas necessidades sociais com a realidade desenvolvimentista que se apresenta no atual cenário global. O paralelo mostrou-se, na concepção da banca examinadora, extremamente válido, dadas as averiguações científicas lá realizadas.

A percuciente análise do papel do estado moderno na atual fase da globalização e as consequências do exercício dos poderes soberanos pelas diversas nações, assim como o limite ao exercício desses mesmos poderes, fixados pelas necessidades dos seres humanos, mas sempre mantendo as bases capitalistas das diversas economias, vai ao cerne da discussão hoje existente no ambiente universitário doutrinário de identificação desses novos paradigmas.

A preservação do avanço político-jurídico até então conquistada foi analisada pelo presente trabalho em todos seus aspectos científicos, não só jurídicos como também econômicos, sociais e ambientais. Como todo trabalho científico, a tese do Dr. Sampaio pode não ser a única resposta adequada ao problema que a modernidade enfrenta, e pode ser também que as respostas trazidas pela economia verde não prosperem da forma antevista pelo autor, pois há um emaranhado de empreendimentos em curso visando preservar os recursos do planeta, já tão exauridos e necessitando uma melhor adequação do Direito à sua preservação.

O mundo pode até desconsiderar as realidades apresentadas pelo autor, encontrar outra solução economicamente viável, desconsiderando as necessidades ambientais, sociais e humanas apontadas no trabalho que ora introduzo. Se assim o fizer, acredito que incorrerá em erro, e que a conta que o futuro virá a apresentar será demasiadamente onerosa à sociedade internacional, que já pagou alto preço por não entender a mudança dos paradigmas que as grandes guerras trouxeram à sociedade de então.

"Pré-moderna" ou "pós-moderna" são vocábulos desprovidos de conteúdo resolutivo, que não externam as necessidades das sociedades existentes, lá e agora, mas o trabalho do Dr. Sampaio certamente contém parte, que reputo grande, da solução aos problemas enfrentados pela sociedade contemporânea — a Sociedade Globalizada, que compartilha o globo terrestre.

Claudio Finkelstein
Advogado, mestre em Direito Internacional pela University of Miami e doutor em Direito pela Pontifícia Universidade Católica de São Paulo (2000) e Livre-Docência pela Pontifícia Universidade Católica (2011), professor da PUC-SP e diretor do Instituto Nacional do Contencioso Econômico e do Instituto Brasileiro de Direito Constitucional.

Introdução

1. Primeiras considerações

Afirmações sobre um novo ciclo no capitalismo mundial, a denominada globalização, despertam sobremaneira a atenção na literatura de Direito Internacional.[1] O termo, com diferentes acepções no campo científico e que tem despertado debates no altiplano jurídico, é também denominado "Sociedade da Informação", designação pela qual optaremos ao abordar o tema de maneira mais específica. Enfrentaremos neste trabalho uma sempre renovada discussão: se a globalização rompe com as fronteiras do Estado Nacional — leia-se, Estado Nação —, e, por conseguinte, se o instituto jurídico da Soberania estaria em seu ocaso, conforme Bobbio.[2] Os argumentos e evidências que militam a favor desta tese são robustos, demandando pesquisa e reflexão aprofundadas para refutar ou firmar posição doutrinária sobre a questão.

Nos últimos decênios tem ocorrido um intenso processo de internacionalização da economia, com preponderância do capital financeiro sob o chamado capital produtivo, conferindo certa hegemonia na formação econômica. Observe-se que o nível de superioridade da riqueza financeira, quando comparada às taxas de crescimento do produto e do estoque de capital no interior das corporações produtivas, confere poder ao mercado financeiro internacional — que "dirige" a economia do centro para a periferia do capitalismo, impondo e ditando a interde-

---

1 No *Dicionário Houaiss da Língua Portuguesa*, pág. 1457, encontramos diversos significados para o vocábulo, que pode ser um substantivo, um verbo ou ainda um adjetivo. O significado do termo é plurívoco, sendo interpretado no contexto de sua aplicação.
2 BOBBIO, Norberto. *Dicionário de Política*. Verbete "soberania".

pendência das formações sociopolíticas.

Com a abertura das economias nacionais, o processo de internacionalização do capital avançou por meio da incorporação e alianças estratégicas, gerando, de um lado, a expansão da riqueza e sua concentração na mão de oligopólios, e de outro a destruição do Estado do bem estar social, resultando em mazelas como a crescente criminalidade, a miséria e o desemprego estrutural, entre outras — desconstruindo o legado humanista, fruto da experiência histórica dos homens, cujas origens remontam à Revolução Francesa.[3]

A desorganização do tecido social decorre, certamente, de fatores objetivos e subjetivos, sendo tributada em grande medida à profunda transformação por que passa a sociedade internacional. O estabelecimento de relações de tensão difusas entre o plano positivado e a sobrevaloração dos problemas concretos, advindos da globalização, impõe uma reflexão sobre a internacionalização do capital no mundo atual, que tem orientado o debate sobre o futuro dos Estados Nacionais. As indagações que aqui se apresentam são:

a - estariam os Estados nacionais, no sentido da soberania, em seu ocaso — suplantados, num mundo "sem fronteiras" econômicas, pelo poder das grandes corporações transnacionais?[4]

b - nessa "nova ordem mundial", assim entendida a globalização, que papel teriam os Estados frente a um sistema político global marcado pela descentralização e desnacionalização do poder político, econômico e jurídico, face ao ser humano?

c - qual o papel dos Direitos Humanos e do Estado de Direito nessa nova ordem econômica?

d - quais os marcos alternativos para uma nova ordem econômica, fundada na livre iniciativa e nos Direitos Humanos?

e - seria a globalização um mal em si, ou existem alternativas sustentáveis para o desenvolvimento econômico dentro dos marcos do modo de produção capitalista?

---

3 Para um maior aprofundamento no tema, recomendamos HOBSBAWN, ERIC. *Revolução Francesa.*
4 Para um aprofundamento do tema: CRETELLA NETO, José. *Empresa transacional e direito internacional: exame do tema à luz da globalização.*

f - qual a valoração da experiência histórica no processo econômico?

g - não haveria solução, dentro dos marcos jurídicos atuais, para a construção de uma ordem jurídica cujo destinatário seria o ser humano, e não a abusiva taxa de lucro?

Diversas são as questões a enfrentar neste trabalho. Todavia, ressalte-se que sua tese central tende à negativa geral, construindo uma reflexão acerca do Estado-Nação que se transforma ao longo dos séculos, não estando em declínio face ao advento da nova ordem econômica. Com a formação do Estado moderno, e as complexidades advindas do capitalismo, o conceito de soberania evolui pelos tempos, firmando-se agora no campo do mercado, que determina a agenda mundial. Com a recente crise do *subprime*, o mito da indestrutibilidade do liberalismo foi posto à prova, demonstrando a necessidade da construção de uma nova vertente que afirme a Sociedade da Informação, sem relegar o ser humano a um papel de mero assistente. É o chamado Capitalismo Humanista, que assume um papel alternativo à ordem econômica vigente, consubstanciando-se na denominada "economia verde" presidida pelos direitos humanos.

Como resultado do capitalismo centrado na pessoa humana, temos o desenvolvimento da economia verde, que garantirá para as presentes e futuras gerações um meio ambiente sustentável e a plena realização dos direitos humanos. Onde houver desenvolvimento sustentável e direitos humanos, prosperará um mundo cuja finalidade e centralidade é a pessoa humana. Um mundo capitaneado pela transnacionalidade da economia não deveria possuir a configuração do capitalismo da revolução industrial, onde o ser humano é relegado a um papel secundário, vivendo em condições de baixa sustentabilidade, despossuído de direitos, desassistido pelo Estado — cujo comando é transferido gradativamente, pulverizado em centros de decisão afastados do controle da opinião pública, visando tão somente à acumulação de estoques de capital e destruindo os direitos humanos.

Assim, vemos que o capitalismo mundializado deverá ser pautado pela aplicação vertical e comprimida dos direitos humanos, garantindo que a ação do Estado seja praticada sob a perspectiva estatal, numa aplicação horizontal e sob a ótica do ser humano. O desafio essencial é a compatibilização das múltiplas alternativas que se apresentam: seriam a globalização e seus cognatos termos antagônicos aos direitos fundamentais da pessoa humana? Teria a Sociedade da Informação como significado inerente a supressão da segunda expressão pela primeira? Em diversos momentos da experiência histórica, diversas civilizações refletindo sobre si mesmas sentiram-se como o centro do mundo, fonte do comércio, da cultura, do conhecimento e da ordem jurídica. Mas teriam estas considerações perturbadoras o condão de se perpetuarem ao longo dos tempos?

A história tem demonstrado esta impossibilidade, ensinando que o novo suplanta o antigo, incorporando o legado e criando novas alternativas, e o mesmo ocorrerá com a Sociedade da Informação. Esta se manterá, mas para alcançar seu propósito sofrerá um processo de regulação, de maneira e modo que o progresso não seja uma mera estatística econômica e o ser humano um custo especializado, criando as condições para a implantação de um capitalismo humanista, centrado no ser humano.

2. Metodologia

Todo trabalho científico é pautado por uma metodologia, com o propósito de, ao seu termo final, colher respostas, ainda que sob o crivo de críticas e discordâncias. Estas, aliás, são fundamentais para o aprimoramento do debate e a busca da verdade: construir convergências supõe o dissenso, e aqui não seria diferente, evitando, todavia, o dissenso simples e desrespeitoso. Há o risco de se discorrer sob um tema recente e caminhar numa trilha pouco conhecida, mas a história humana é repleta de exemplos onde certas ousadias e perplexidades permitiram a construção de avenidas por onde se erigiram construções sólidas, apoiadas no espírito investigativo. Este foi o caso, por exemplo, do ciclo das grandes navegações, em que céticos afirmavam a inexistência de terras ao ocidente para mais tarde ser descoberto um vasto continente. Sem a pretensão de apontar um novo caminho, este trabalho propõe a discussão do modo de produção capitalista, uma alternativa possível e viável — dentro dos marcos jurídicos e econômicos da Sociedade da Informação — em face do disposto na Constituição Federal de 1988, mormente em seu Artigo 170: estamos tratando de uma visão humanística do direito sem abrir mão de uma visão progressista da sociedade, assim entendido o desenvolvimento sustentável, por evidente, sob o enfoque jurídico.

Para tanto, utilizaremos uma abordagem que mescla diversas metodologias científicas, estabelecendo um diálogo multidisciplinar, plasmado por uma visão do Direito.

Procederemos, a princípio, uma abordagem histórica e teleológica do instituto da soberania, visando compreender sua evolução ao longo dos tempos e propondo uma nominação própria para as diferentes etapas de seu desenvolvimento. Não há dúvida que, para se compreender o Direito Internacional, é necessária a leitura desse ramo pela ótica dos tempos — que registra a experiência e ajuda na apreensão de seu conteúdo transitando no nível semântico e pragmático, conforme ensina Paulo de Barros Carvalho,[5] ou dos sistemas de referência, conforme Goffredo da Silva Telles.[6]

Ao longo do presente trabalho, será utilizado o método literal e sintático, porquanto haverá compilação e comparação do pensamento de diversos autores, antepondo-os de forma lógica para harmonizar os pontos de vista existentes sobre o tema, conforme Rizzatto Nunes.[7] Além disso, há uma teoria científica que se presta a todos os campos do direito, um desafio que aceitamos ao aplicar no Direito Internacional a "Teoria do Giro Linguístico", proposta e desenvolvida por Paulo de Barros Carvalho[8] como uma Teoria Geral de Direito, vastamente exposta em sua obra, que nasceu com vocação de clássico.

Assim, no capítulo "Soberania", faremos uma abordagem do vocábulo — examinando no vernáculo suas diversas camadas linguísticas e buscando demonstrar a amplitude dessa teoria, uma ferramenta para o estudo do Direito em todos os seus campos.

Vale observar que o presente trabalho procedeu a uma coleta de dados *in loco*: pela absoluta ausência de fontes científicas disponíveis

---

5 CARVALHO, Paulo de Barros. *Direito Tributário Linguagem e Método.*
6 *O Direito Quântico*, p. 286.
7 NUNES, Luiz Antonio Rizzatto. *Manual da Monografia Jurídica.*
8 Idem.

no Brasil, desenvolvemos um trabalho na Universidade de Reykjavík, Islândia, que, a despeito das dificuldades linguísticas e culturais, trouxe um retrato de um país que ingressou recentemente na globalização. A pesquisa consistiu na leitura de textos disponíveis em inglês e diálogos interdisciplinares com professores e estudantes da referida instituição, sobre as causas e efeitos do colapso financeiro que os atingiu em 2008. As razões ainda são relativamente obscuras, sendo objeto de larga investigação naquele país, mas certo é que houve uma abertura aos fluxos internacionais de capital que promoveram, em apenas quatro anos, uma crise econômica sem precedentes, provocando miséria e recessão, além de um endividamento e quebra generalizada da economia, males até então desconhecidos pela pequena população do país.[9]

Como se não bastasse, a Islândia sofre em seu território físico as consequências diretas do aquecimento global. Com o mantra "crescimento econômico", empresas que possuem elevado potencial poluente ali se instalaram, gerando danos irreversíveis ao meio ambiente. Neste particular, foram visitadas regiões onde o degelo está ocorrendo; navegamos rios até as cabeceiras com o propósito de confirmar e coletar dados para o presente trabalho.

Com o exclusivo propósito de enriquecer esta tese foi organizada uma pesquisa de campo no círculo Polar Ártico, partindo da Groelândia; permanecemos certo período junto à população local, que se encontra afetada pelo aquecimento global e pela cobiça das grandes empresas mineradoras e petroleiras que identificam debaixo do subsolo riquezas minerais. Perplexos, os *inuítes* atribuem suas dificuldades presentes às crenças milenares, ou, por outra, aos desígnios de Tupilac.[10]

É de rigor observar que as reflexões que ora se aduzem, sobre o impasse atual e o futuro das instituições universais, observam o enfrentamento proposto por Giddens[11] em sua obra *Terceira Via*, naquilo que designa como os cinco dilemas.[12] A proposição metodológica deste texto se adapta e busca responder as inquietações desse pensador,

---

9 Aproximadamente 370 mil habitantes.

10 Na cultura Inuit, Tupilac é um totem com as características antropológicas de um semideus, que possui características humanas e divinas.

11 GIDDENS, Ant*A Terceira Via – Reflexões sobre o impasse político atual e o futuro da socialdemocraciacracia.*

12 Idem, p. 37.

transpondo-as para o nosso cenário conjuntural. As questões a serem respondidas, e que constituem o eixo deste trabalho, versam sobre:

— a Sociedade da Informação — o que é e quais suas implicações?

— a Soberania — em que sentido, se é que há algum, as sociedades modernas estão se transformando?

— a Ação Política — a política está migrando para fora dos mecanismos ortodoxos da democracia, como é o caso concreto da Islândia?

— o vocábulo "Soberania" — qual seu novo significado na Sociedade da Informação?

— a Economia Verde — uma alternativa na Sociedade da Informação?

O enfrentamento dos dilemas trazidos por Giddens, adaptados no trabalho acerca da Sociedade da Informação, determinam uma abordagem sobre essas questões, que, isoladamente, constituem grandes temas contemporâneos que reunidos propõem uma análise sistêmica e global dos novos desafios, fornecendo um instrumental e uma visão conexa.

O objetivo do presente estudo é a discussão de tópicos essenciais a duas ordens de questões: em primeiro lugar, indicar que a Soberania em suas várias acepções é parte integrante do patrimônio categorial e princípio lógico da Constituição Federal Brasileira de 1988; e, em segundo, a demonstração de que a sustentabilidade — leia-se, Economia Verde enquanto elemento indispensável para a reprodução da vida humana — não deve ser encarada apenas como um fraseado, mas sim como um predicado do pensamento jurídico.

A unidade dos temas reunidos visa responder claramente à tese proposta: seria a Sociedade da Informação, com a globalização e seus cognatos, antagônica aos Direitos Fundamentais da pessoa humana? Há alternativa aos marcos atuais do capitalismo? É possível uma alternativa sustentável?

Ao longo deste arrazoado enfrentaremos didaticamente esta indagação, propondo como alternativa aos imperativos do mercado uma economia sustentável que tenha como centro e destinatário único o ser humano, confrontando-a com o texto constitucional brasileiro. Assim, na conclusão, proporemos a *Economia Verde*, designação comum que se dá à sustentabilidade, como vertente aos desafios trazidos pela Sociedade da Informação, compatibilizando-a com as demandas trazidas pelo legado humanístico formalizado a partir da Revolução Francesa, e, nos dizeres de Comparato,[13] pré-existentes desde o período axial, pois "foi durante o período axial que se enunciaram os grandes princípios e se estabeleceram as diretrizes fundamentais de vida, em vigor até hoje".

3. Posicionamento

A proposição de um tema amplo, como é o caso, para enfrentamento em sede de doutorado, demanda um posicionamento claro daquele que o propõe, sob pena da dispersão do conteúdo didático. Discorrendo mais claramente, adotamos uma visão de mundo que afirma o primado dos direitos humanos sobre todas as outras categorias filosóficas e políticas existentes no mundo. Sem adentrar os grandes temas da filosofia do direito, pois este não é o propósito, afirmamos a adoção de uma visão de mundo calcada no humanismo e na ruptura da díade esquerda/ direita, tão bem discorrida no clássico de Bobbio.[14]

A construção de um novo pensar sobre o mundo representa a superação dos dilemas trazidos pelo século XIX e XX, através dos quais se enfrentaram temas ideológicos que resultaram na tragédia da Segunda Guerra Mundial e percorreram o século XX sob a designação de Guerra Fria. Sobre os escombros do muro de Berlim de 1989, resultado da disputa ideológica e do confronto das então superpotências, mister se fez pensar um mundo novo, que sistematiza as conquistas do capitalismo e da livre iniciativa, compatibilizado com o legado das conquistas sociais trazidas pelas revoluções sociais que percorreram o globo, demonstrando sua compatibilização com o texto da Carta Magna brasileira.

A tensão dialética havida entre os ditames do mercado e a li-

---

13 COMPARATO, Fábio Konder. *Ética – Direito, Moral e Religião no Mundo Moderno*, p. 38.
14 BOBBIO, Norberto. *Direta e Esquerda – Razões e Significados de uma Distinção Política*.

berdade individual levou os homens a um novo pensar, resultante do confronto entre o materialismo histórico dialético, representado pelos ideais marxistas e sua falência, e o denominado neoliberalismo. Para alguns, trata-se do resgate do Estado do bem-estar social; para outros, a partir da releitura dos escritos de Gramsci,[15] que aqui no Brasil teve como pioneiro Carlos Nelson Coutinho em seu ensaio *A Democracia como Valor Fundamental*,[16] surgiu uma nova ideologia que, a princípio, designou-se eurocomunismo. Diante dos desígnios históricos da realidade, esta se transformou, denominando-se "nova esquerda" e propondo a reforma do sistema capitalista a partir de uma vertente humanista e ecológica,que, em si, é transformadora da realidade, revolucionando o mundo. Para João Pereira Coutinho,

> Uma sociedade será mais liberal, e consequentemente mais perfeita, quanto maior for a área de liberdade individual de um ser humano — a "liberdade negativa" que fez fama e fortuna para Isaiah Berlin. O mesmo acontece com a família socialista: a igualdade (ou, como dirão os discípulos de Rawls, a equidade) é o fim máximo de uma sociedade que se deseja mais justa e fraterna.[17]

Portanto, o viés que constitui a unidade semântica deste trabalho reside na possibilidade da realização de um capitalismo humanístico no qual são conjugadas as ditas liberdades positivas e negativas, trazendo o ser humano para o centro da experiência histórica, assistido por um Estado que conjuga os valores do capital e trabalho e apoiado no que se designa "soberania", conforme o disposto no Artigo 170 de nosso texto constitucional. Isso, sem olvidar a necessidade imperiosa de

---

15 Antonio Gramsci nasceu no norte da ilha mediterrânea da Sardenha. Os 32 *Cadernos do Cárcere*, com 2.848 páginas, não eram destinados à publicação. Trazem reflexões e anotações do tempo em que Gramsci esteve preso, de 8 de fevereiro de 1929 a agosto de 1935, por conta de seus problemas de saúde. Foi Tatiana Schucht, sua cunhada, que os enumerou, sem todavia levar em conta sua cronologia. Foi somente em 1975, graças a Valentino Gerratana, que os *Cadernos* foram publicados segundo a ordem cronológica em que foram escritos. Também foram recolhidos no mesmo volume todos os artigos de Gramsci nas publicações *Avanti!*, *Grido del popolo* e *L'Ordine nuovo*.
16 COUTINHO, Carlos Nelson. *Encontros com a Civilização Brasileira*. Org. M. Silveira.
17 http://www.dicta.com.br/edicoes/edicao-3/em-busca-do-equilibrio/

um meio ambiente sustentável, leia-se economia verde, singularizando este posicionamento ideológico como uma postura progressista frente aos temas que iremos enfrentar adiante, e cujo marco teórico será o pensador contemporâneo Giddens, já citado anteriormente, que de forma multidisciplinar pensa o mundo de forma sustentável.

Capítulo I

Historicidade no plano jurídico: primeira e segunda modernidade

1.1 Formação do Estado

A discussão sobre a formação do Estado e, por conseguinte, de um de seus atributos, a Soberania, remonta à antiguidade chegando aos nossos dias, com renovados e contínuos argumentos — parece não se esgotar, havendo esforços da doutrina visando à compreensão desse instituto. Considerada a soberania com um atributo de exercício poder, temos o remoto registro literário da tragédia grega "Édipo Rei" (*ΟΙΔΙΠΟΥΣ ΤΥΡΑΝΝΟΣ,* em grego), de Sófocles,[18] escrita por volta do ano 427 a.C., na qual um rei se debate por seu poder. Desde Aristóteles, em sua *Poética*, passando por Sigmund Freud,[19] a tragédia é discutida e dissecada, gerando influência na cultura universal.

Na contramão desse pensamento, temos em Foucault[20] uma abordagem jurídica filosófica que nega o caráter psicanalítico da tragédia. Para o filósofo, Édipo é visto como coadjuvante da tragédia, e o que toma lugar de importância são as relações de poder. Foucault afirma que "se existe complexo de Édipo, ele se dá não ao nível individual, mas coletivo; não a propósito de desejo e inconsciente, mas de poder e de saber". Em uma visão mais literária do tema, Bloom[21] registra a negativa do caráter psicanalítico dado por Freud. Sem adentrar a questão, posto se afastar ao objeto de nossa análise, importa frisar que desde tempos ancestrais o homem e suas relações com o Poder são discutidos, aprecia-

---

18 SÓFOCLES. *Édipo-Rei.*
19 FREUD, Sigmund. *La Technique Psychanalytique.*
20 FOUCAULT, Michel. *A Verdade e as Formas Jurídicas.*
21 BLOOM, Harold, *O Canone Ocidental.*

dos sob o ponto de vista do juízo de valores, justificando dessa maneira uma retrospectiva analítica da formação do Estado e suas implicações.

Autores na área internacionalista, como é o caso de Irineu Strenger,[22] confirmam o entendimento de que o estudo dessa ciência é precedido pela apreensão dos estudos históricos. A evolução histórica é associada à construção de instrumentos técnicos que esclarecem demandas conjunturais da política internacional, da guerra e da paz, do comércio intermundo e das relações entre o setor público e privado. Neste sentido, é importante a observação de Dinh, Daillier e Pellet:[23]

> Aquele que quiser confinar-se ao presente, ao atual, não compreenderá o atual. Esta observação de Michelet justifica-se plenamente a propósito do direito internacional que, mais do que qualquer outro ramo do direito, é inseparável da sua história uma vez que é um direito essencial evolutivo.
>
> Esta história deve ser concebida como a de um fenômeno social específico, desenrolando-se segundo um ritmo próprio, em função dos diferentes fatores que, ao influenciarem a evolução da sociedade internacional, contribuíram para a formação e o desenvolvimento do seu direito. Se ela se encontra estreitamente ligada à história geral, nem por isso é factual. Os períodos de ambas não coincidem necessariamente.[24]

Observe-se que desde a formação dos Estados modernos desvela-se a preocupação dos estudiosos com a compreensão desse fenômeno da ciência jurídica — a registrar-se a *Glosa de Acursio*,[25] que em 1228 já apontava uma norma de Direito Internacional a submeter os povos, então sob a autoridade imperial, à religião católica. Nesse período houve a predominância da religião sobre os negócios de Estado, regendo-se este por aquela: é a época áurea dos glosadores.

---

22 STRENGER, Irineu. Direito Internacional Privado, p. 27.
23 DINH, Nguyen Quoc, DAILLIER, Patrick, PELLET, Alain. *Direito Internacional Público*.
24 Idem.
25 Justiniano. *Corpus Iuris Civilis*.

1.2 Revolução de Avis

No plano teórico, as manifestações sobre a *soberania* ocupam a experiência humana ao longo da linha do tempo, notadamente no período da transição do feudalismo para o capitalismo, quando o poder se concentrava em um só órgão estatal centralizado na figura do Rei, assumindo cinco funções executivas distintas: a administrativa, porquanto a coisa pública estava sob seu controle, através da chamada pequena nobreza que se ocupava dos negócios do Estado; a função de última instância, porque ao Rei cabia a decisão final de todos os aspectos do Estado; a executiva, diante de um Estado absolutista onde ao rei competia isoladamente governar; judicante, porque o Rei exercia o papel de poder judiciário e sua decisão era terminativa e final; e legislativa, a teor de não existir um poder que legislasse, rivalizando com o poder supremo do Rei, que em nome de Deus exercia seu mister secular. A característica do Estado no período é sua concentração em um único órgão decisório, transfigurado em burocrático, centralizador, territorial, nacional e moderno.[26] O corte é de um Estado soberano, nos termos preconizados por Jean Bodin[27] e Tomas Hobbes,[28] com as distinções específicas das quais a literatura técnica cuida.

No campo da tradição, a dinastia de Avis,[29] lídima representante da monarquia portuguesa, conforme relata Faoro[30] "chegará ao seu ponto culminante por meio de uma revolução, a mais profunda e a mais permanente de todas". Cinquenta anos após sua primeira impressão, *Os Donos do Poder* mantém sua atualidade, merecendo por parte do professor de Teoria e História Literária da Unicamp, Francisco Foot Hardman, a seguinte observação:

> Mas *Os Donos do Poder* poderia igualmente iluminar, nesses tempos globais, para além das especificidades nacionais (jamais Faoro pensou em isolá-las como essências), a continuidade burocrático-es-

---

26 Esta é uma concepção inspirada no moderno pensamento do eminente Dr. Cesar Saldanha, vide Coleção Consenso, Editora Sagra Luzzatto, Porto Alegre, 2002.
27 BODIN, Jean. *Les Six Libres de La Republique*.
28 HOBBES, Thomas. *O Leviatã*.
29 Dinastia de Avis – Portugal (1385-1580).
30 FAORO, Raymundo. *Os Donos do Poder*, p. 45.

tamental de estrutura de poder opacas em sociedades próximas como México e Argentina e, com as devidas mediações, em sociedades mais distantes geográfica e historicamente, porém, a rigor semelhante na preservação de dispositivos das antigas violências estatais com as antigas e novas formas abissais da desigualdade: Rússia, China e Índia. Mostrando que os rumos do capitalismo assumem formas insuspeitas por seus primeiros críticos.[31]

Pela primeira vez na história, o poder político se coloca a serviço do econômico. Para os estudiosos do tema, trata-se da primeira revolução burguesa da história, embora tenha havido uma mescla de interesses populares, da baixa nobreza e da nascente burguesia — que reivindicava para si um papel mais destacado no alto plano da política da nascente dinastia de Avis.

Portugal tem uma história singular, inclusive devido à sua posição geográfica na Europa: reduto afastado do império romano, aos poucos foi conformando uma língua própria, derivada do *vulgare*,[32] e construindo um reino com fronteiras próprias: diante de si um imenso oceano, que marcaria a alma da nascente nação lusitana. Entre invasões mouras e ambições ibéricas a jovem nação foi se moldando, com a característica de não ter experienciado um feudalismo nos moldes europeus, construindo desde logo um capitalismo mercantilista cuja vocação, dada a sua privilegiada posição geográfica — que facilitaria as expedições mundo afora —, seria o comércio marítimo, já negociando com Flandres, França, Castel, Andaluzia e Inglaterra.

Nesse Estado governa um Rei legítimo, que a tudo possui e tem sua autoridade incontestável apoiada em um sólido aparato militar, cuja herança são as tradições visigóticas. No campo da política, está assentado em três distintos pilares: a pequena nobreza, a nascente burguesia comercial e o chamado Terceiro Estado, que aspirava um protagonismo no reino. As tensões sociais, representadas pelo crescimento das riquezas e do poder do Estado português, geraram uma disputa entre o poder

---

31 HARDMAN, Francisco Foot. In: *Estado de São Paulo*, 24 de janeiro de 2009. http://www.estadao.com.br/noticias/impresso,as-piramides-perpetuas-de-faoro,312428,0.htm

32 "Latim vulgar" (*sermo vulgaris*) é um termo empregado para designar os dialetos do latim, falados, principalmente, nas províncias ocidentais do Império Romano, do qual provavelmente surgiram os idiomas da Península Ibérica.

central e as classes sociais que compunham o jovem reinado.

Um evento de menor importância, a partir da insatisfação popular com relação ao romance proibido entre D. Leonor e o Conde de Andeiro, culminou na revolução de Avis. A hora soara; era necessário derrubar o Velho Regime e estabelecer uma nova ordem política. Como resultado do estiolamento do tecido social e da recomposição das forças políticas, foi a burguesia o segmento social que mais se beneficiou, pois passou a formar os conselhos municipais e construiu influência junto ao poder central.

A revolução teve como resultado a centralização do poder nas mãos de D. João, que dominou o clero e, através de sua associação com a nascente burguesia, expandiu os limites territoriais do pequeno reino, iniciando o ciclo das grandes navegações. Com isso, o Estado português ampliou seus horizontes geográficos, cumprindo a missão de gerenciar o expansionismo comercial; tornou-se a principal potência naval daquela centúria e chegou ao seu auge com as empresas ultramarinas, que alcançaram África, Índia e Brasil.

A sedimentação das ideias absolutistas obrou para sua ruptura, tornando imprescindível essa forma de governo e sua regulação jurídica para que os estados europeus dominassem a cena nos séculos seguintes, quando viria a ser formado um Estado burocrático, centralizado, territorial, nacional e moderno: estamos diante do nascente absolutismo europeu, que seria responsável por vencer a corrida tecnológica contra as potências do império oriental devido à concentração de poder e à criação dos marcos jurídicos de um Estado empresário e intervencionista, bem como à disseminação do conhecimento através da fundação de universidades e difusão do conhecimento.[33] Discursando sobre a obra de David Landes,[34] Fareed Zakaria[35] afirma que a China não conseguiu "gerar um processo *contínuo* e autossustentável de avanço científico e tecnológico",[36] concluindo que a tragédia do Oriente ocorreu porque "mesmo quando havia conhecimento não havia aprendizado".

---

33 Universidade de Bolonha, Itália, 1088; Oxford, Inglaterra, 1096; e Paris, França, 1170.

34 LANDES, David. *Why Europe and the West?*

35 Professor "*emeritus*" de economia da Universidade de Harvard [Coolidge Professor of History and Professor of Economics].

36 ZAKARIA, Fareed, *O Mundo Pós-Americano*.

Na mesma senda, mas por observações diversas, temos em Huntington:

> (...) a imprensa foi inventada na China, no século VIII d.C. e os tipos móveis no século XI, porém essa tecnologia só chegou ao Japão no século VII e se difundido, na direção oeste, para a Ásia Central no século VIII, para o Norte da África no X, para a Espanha no XI e para a Europa Setentrional no XIII. Outra invenção chinesa, a pólvora, que ocorreu no século IX, disseminou-se para os árabes algumas centenas de anos depois e atingiu a Europa no século XIV.[37]

As concatenações dos elementos políticos, econômicos, culturais e jurídicos concederam os nexos por meio dos quais se viabilizaram os componentes para a disputa pelo mundo nos anos vindouros. Por conseguinte, temos a formação do Estado absoluto, no qual todos os poderes estão concentrados em um só órgão decisório corporificado na figura do Rei absoluto. A simples noção de *soberania* como forma de poder contrasta com a realidade formal, circunscrita a mero processo intuitivo, e reduz a natureza e alcance desse instituto.

1.3 Revolução Inglesa

Em 1689, após conflitos entre os barões das terras e o poder central,[38] foi outorgada na Inglaterra a *Bill of Rights*,[39] que entre outras providências determinou a liberdade, a vida e a propriedade privada,[40] assegurando direitos à nascente classe burguesa que passou a deter parcelado poder político e limitando os poderes da nobreza. Para o Direito Penal há o nascente instituto do *Habeas Corpus*, cuja influência iria se irradiar pelos séculos em todas as nações civilizadas e democráticas

---

37 HUNTINGTON, Samuel. *O choque das civilizações e a recomposição da ordem mundial*, p. 56.
38 Guilherme de Orange versus Lordes ingleses.
39 Carta Constitucional assinada por Guilherme de Orange que pôs fim à Revolução Gloriosa em 1689.
40 Entre outras determinações, que era ilegal toda cobrança de impostos para a Coroa sem o concurso do Parlamento, sob o pretexto de prerrogativa ou em época e modo diferentes dos designados por ele próprio. Trad. Livre.

do planeta.[41] Essa ocorrência histórica é conhecida como "A Revolução Gloriosa", evento de relevância singular que demarca a cessão parcial dos poderes absolutos da coroa inglesa ao parlamento, conforme narrativa na *The Royal History of England*.[42]

Com a aprovação no parlamento da *Bill of Rights* [declaração de direitos], a feição relevante da nova formação estatal inglesa delimitou o absolutismo monárquico, circunscrevendo seus poderes através da supremacia do parlamento sobre a coroa. A existência de um novo marco legal representou um papel importante na crise do regime: limitou sua função exclusiva, criando um poder que a desempenhasse ao ceder uma parcela de sua competência aos representantes da sociedade civil organizada e, como consequência, instalando o regime parlamentarista inglês que permanece até os tempos atuais.

Esse processo, que teve início com a Revolução Puritana de 1640 — primeira manifestação de crise do regime monárquico absolutista inglês —, foi completado com a Revolução Gloriosa de 1688, movimento revolucionário que criou as condições indispensáveis para a Revolução Industrial do século XVIII e preparou as grandes vias pelas quais avançaria o capitalismo, antecipando em cento e cinquenta anos as revoluções Americana e Francesa.

No campo do direito, a contribuição da Revolução Inglesa foi criar um modelo Constitucional, com a peculiaridade de uma parte ser escrita e outra baseada nas decisões dos pretórios, que criam os precedentes jurisprudenciais. Além disso, o poder do soberano inglês foi transformado através de uma norma de caráter superior, ocorrendo pela primeira vez a bipartição dos poderes entre o rei e o novo parlamento e restando a figura do rei com apenas quatro das funções anteriormente exercidas: a de decidir em última instância, administrar, governar e julgar.

A Revolução Inglesa concretizou a vitória do parlamento e o princípio de que o rei reina, mas não governa de forma absoluta — provendo o poder legislativo aos súditos uma nova instância garantista de que o monarca governará de acordo com as normas jurídicas, que guia-

---

41 Com a edição do Ato Institucional nº 5, a ditadura militar no Brasil suprimiu o *Habeas Corpus* como instrumento de garantia individual.
42 NELSON, Thomas & Sons. *The Royal History of England*.

rão o Estado.

A concepção jusnaturalista de Locke[43] transcendeu a Revolução Gloriosa, criando uma nova vertente no campo jurídico-filosófico e exercendo influência, além da Revolução Inglesa, sobre a revolução americana e a fase inicial da Revolução Francesa. Para ele, o Estado liberal deve respeitar os direitos naturais dos homens, um pensamento cuja origem situa-se no tomismo, doutrina filosófica de São Tomás de Aquino que funde o cristianismo à visão aristotélica do mundo. Em suas duas *Summae* — *Summa Theologiae* e *Summa Contra Gentiles* — Aquino sistematizou o conhecimento teológico e filosófico de sua época: a partir dele, fé e razão se aliam para chegar à Verdade. A profundidade dessa vertente de pensamento resiste até a atualidade, havendo modernos e expressivos adeptos do jusnaturalismo, que alguns denominam "neotomismo".

1.4 Revolução Americana

Como consequência da evolução dos tempos, temos o iluminismo, período no qual o homem renasce como centro da humanidade, afastando o sacro do secular. Novas ideias e concepções são difundidas e uma intelectualidade nascente questiona a velha concepção de mundo. Surge em terras inglesas o que virá a constituir a Revolução Industrial, desenhando um novo modelo de economia baseada na produção industrial, que, inevitavelmente, substituiria o homem, expulsando-o do campo e o levando às cidades. É o início do capitalismo industrial, que viria a modificar o modo de produção capitalista.

A Revolução Americana, cujo estopim foi a cobrança excessiva de tributos por parte da Coroa Inglesa,[44] resultou na independência de treze colônias americanas[45] e na elaboração da Declaração de Independência,[46] que assegurou uma forma republicana e democrática

---

43 Idem, p. 20.
44 Revolução Americana de 1776 tem origem na guerra dos sete anos.
45 As treze colônias são: Massachusetts, Rhode Island, Connecticut, New Hampshire, Nova Jersey, Nova York, Pensilvânia, Delaware, Virgínia, Maryland, Carolina do Norte, Carolina do Sul e Geórgia.
46 A Constituição em 1787, vigente até hoje, instituiu o federalismo, a soberania

de estado e direitos fundamentais à pessoa humana. A revolução ocorrida no novo mundo criaria condições especialíssimas para o desenvolvimento econômico da jovem nação, que apenas cem anos após tais eventos já reivindicava a liderança mundial, assentada no legado moral e político da nova República Federativa e nas imensas oportunidades econômicas geradas a partir de um regime cujo marco institucional situava-se no campo da democracia formal. Além disso, levas de imigrantes rumaram para o Novo Mundo, recriando a paisagem de seus países e erguendo no imagético americano o "Destino Manifesto".[47]

O novo e o antigo mundo são abalados por novas concepções de poder político, influenciando uma série de eventos ao redor do globo.[48] Como consequência dessa revolução, o poder migraria para um modelo tripartido, mantendo o executivo três funções básicas[49] e delegando a um terceiro poder a judicatura. Assim, criou-se o Poder Judiciário, cuja função precípua seria a de mediar os conflitos entre os poderes — *checks and balances* —, e resolvê-los entre os administrados. O grande pensador desse período é Montesquieu,[50] com sua famosa obra *O Espírito das Leis*, de 1748.

As ideias de Montesquieu remontam a cem anos anteriores, principalmente às teses desenvolvidas por John Locke[51] — que construiu um pensamento jurídico baseado na noção de governo com o con-

---

da nação e a divisão tripartida dos poderes: "Quando no curso dos acontecimentos humanos torna-se necessário a um povo dissolver os laços políticos que o ligam a outro, e assumir entre os poderes da Terra situação independente e igual a que lhes dão direito as Leis da natureza e de Deus, o correto respeito às opiniões dos homens exige que se declarem as causas que o levam a essa separação (...)" — preâmbulo da Declaração de Independência dos EUA, in: DRIVWER, Stephanie Schwartz. *A Declaração de Independência dos Estados Unidos*, p.53.

47 "Destino Manifesto" é a crença de que os Estados Unidos foram eleitos por Deus, e de que todos os atos de supremacia internacional se justificariam pelo cumprimento da vontade divina.

48 Inconfidência Mineira, 1789; Haiti, 1804; Argentina, 1816; entre outros.

49 De última instância, de administrar, e governar.

50 Charles de Montesquieu foi um político, filósofo e escritor francês. Legou a Teoria da Separação dos Poderes, atualmente consagrada em muitas das modernas constituições internacionais.

51 John Locke, nascido em Wringtown, em 29 de agosto de 1632 e falecido em Harlow, em 28 de outubro de 1704, foi um filósofo que antecedeu o Iluminismo.

sentimento dos governados, diante da autoridade constituída.[52]

A noção de Tripartição dos Poderes, ou a relação horizontal de equivalência entre eles, perdura até o presente momento em diversas Cartas Republicanas. Evidentemente, não podemos ignorar que o constitucionalismo moderno adaptou circunstâncias históricas, e é razoável afirmar-se que até o início deste ciclo da globalização, que didaticamente apontamos para os anos 1970,[53] tem alterado criticamente essa circunstância de Estado-Nação e, por conseguinte, todo o seu aparelho político institucional.

A ideia de Estado-Nação, que integrou a formação de Estados independentes na Europa, criou fortes vínculos no mundo jurídico, daí derivando um conceito de soberania segundo o qual teria o Estado um poder absoluto e permanente, oriundo do direito natural. Essa concepção respondeu por um longo período à demanda de uma doutrina que vinha sendo discutida e desenvolvida por outros juristas e filósofos, determinando que os elementos essenciais da soberania fossem "governo próprio" e "independência".

1.5 Revolução Francesa

A monarquia francesa teve papel central na Revolução Americana, financiando em solo americano o combate contra sua antiga rival, a Inglaterra, o que gerou um enorme custo para o tesouro francês, que, por sua vez, o repassou à sociedade através de um aumento exorbitante dos tributos. Essa circunstância, além da extenuação do modelo absolutista e da difusão de novos ideais, forçou o monarca absoluto à convocação dos Estados Gerais, modelo de assembleia na qual estavam representados o 1°, o 2° e o 3° Estados[54] — um foro determinante para a construção da revolução, conformando a luta da nação francesa contra o absolutismo do Rei Luís XVI, representante do Primeiro Estado. A agitação revolucionária de 1789 levou à abolição dos privilégios da no-

---

52 Teoria contratualista.
53 Vide o item Globalização.
54 O 1° Estado era composto pela nobreza, o 2° pelo clero e o 3° pelos representantes da nascente burguesia: artesãos, camponeses e o populacho.

breza e do clero e à ruptura do *Ancien Régime*,[55] forjando uma nova ordem jurídica em nome da liberdade, igualdade e fraternidade. Da Nação (povo) emanavam todos os poderes, e o exercício da soberania passava por um Poder Constituinte. Conforme Hobsbawn,

> o que transformou uma limitada agitação reformista em uma revolução foi o fato de que a conclamação dos Estados Gerais coincidiu com uma profunda crise socioeconômica. Os últimos anos da década de 1780 tinham sido, por uma complexidade de razões, um período de grandes dificuldades praticamente para todos os ramos da economia francesa. Uma má safra em 1788 (e 1789) e um inverno muito difícil tornaram aguda a crise.

Adiante, conclui que

> Em circunstâncias normais, teria ocorrido provavelmente pouco mais que agitações cegas. Mas em 1788 e 1789 um convulsão de grandes proporções no reino e uma campanha de propaganda e eleição deram ao desespero do povo uma perspectiva política. E lhe apresentaram a tremenda e abaladora ideia de se libertar da pequena nobreza e da opressão. Um povo turbulento se colocava por trás dos deputados do Terceiro Estado.[56]

O grande teórico da revolução foi Jean Jacques Rousseau, que elaborou o *princípio da soberania popular* segundo o qual o Estado pertence ao povo, definido a partir de então como cidadãos, não mais um conjunto de súditos submetidos a um poder absoluto. Suas ideias estão cristalizadas na obra *O Contrato Social*,[57] onde se contrapõe às concepções defendidas por Hobbes e Locke. Para Rousseau, o homem é naturalmente bom,[58] sendo a vida em sociedade responsável por torná-lo perverso. A teoria contratualista, para Rousseau, é um acordo entre cidadãos visando à construção de uma Sociedade, e, em seguida, um

---

55 Antigo Regime.
56 HOBSBAWN, Eric J. *A era das Revoluções.*
57 RUSSEAU, Jean Jacques. *O Contrato Social.*
58 Rousseau constrói, assim, a teoria do bom selvagem, que abandona o estado de natureza para se encaminhar para a sociedade civil, penetrando em uma armadilha da qual não mais escapará.

Estado, ou seja, um Pacto de Associação, não de submissão. Surge assim o Estado de Direito, limitado pela justiça e detendo o povo a titularidade do Poder Constituinte Originário.

Principalmente, e como consequência direta da Revolução Americana, a Revolução Francesa deixou como legado a construção do ideário dos Direitos Humanos, estabelecendo o ser humano como principal destinatário da norma jurídica através da Declaração de Direitos do Homem e do Cidadão, que reconhece os direitos humanos individuais, entre eles o direito de propriedade, figurando no rol das chamadas liberdades negativas. A importância desse documento é reconhecida na Declaração Universal de Direitos Humanos das Nações Unidas de 1948, documento firmado pelas nações civilizadas após o horror nazista, que calcinou a vida de milhões de seres humanos.

1.6 Estado Liberal: o *Laissez-Faire*

O liberalismo econômico, concebido no século XVIII, visa responder às novas demandas, oriundas da expansão capitalista no mundo em decorrência da Revolução Industrial. Sua maior contribuição à nova economia seria prestada por Adam Smith,[59] pensador econômico clássico e autor de *A Riqueza das Nações*. Smith contribuiu sobremaneira para dar curso ao desenvolvimento econômico e à não intervenção do Estado na economia. Sem a interferência dos entes estatais, o que lhe parecia ser o melhor caminho, o ponto de equilíbrio ideal estaria nas forças do mercado — que autorregularia a economia, a modo de uma *mão invisível* que determina a oferta e a demanda.

Por outro lado, Smith concebeu o princípio das vantagens absolutas na economia, afirmando que cada país deveria se especializar em determinado campo econômico: tal especialização criaria excedentes que seriam produzidos a um custo mais baixo e comercializados no mercado internacional, incrementando o comércio e, portanto, a riqueza entre as nações. Para Smith, o elemento gerador de riqueza estaria no trabalho livre, permanecendo afastado o Estado interventor.

Nesse cenário, ganha também papel de destaque o assim cha-

---

59 SMITH, Adam. *A riqueza das Nações.*

mado "princípio da intervenção estatal", que ocorreria na hipótese de a iniciativa privada ser incapaz de se desenvolver, seja em razão da baixa lucratividade, ou mesmo do vulto do empreendimento a ser executado — uma visão estreita da regulamentação positiva e dos poderes atribuídos ao Estado, com vistas à administração da coisa pública de modo ativo, rápido e profícuo.

Essa ideologia liberal, de caráter nitidamente individualista, foi sendo revisada ao longo do processo econômico do século XIX, que veio a ser percebido de outras formas. Surge um novo pensador, David Ricardo,[60] para repensar a teoria liberal de Smith; Ricardo afirmou que a economia do estado liberal burguês estaria alicerçada por vantagens relativas, passando as nações a se complementarem pelos padrões de produção fundados na ótica do trabalho, independentemente da especialização, implicando em uma divisão internacional do trabalho. Ricardo exerceu influência tanto sobre os economistas neoclássicos como sobre Karl Marx,[61] que, a partir da ideia de vantagens relativas desenvolve sua teoria da mais-valia, base teórica do que veio a ser conhecido como Marxismo, o que revela sua importância para o desenvolvimento da ciência econômica. Em sua obra, Celso Bastos comenta o Estado Liberal pontuando a visão de Adam Smith:

> Adam Smith, certamente a maior expressão do liberalismo econômico, expressava, em 1776, qual a sua visão dos fins fundamentais da comunidade política:
> a) O dever de proteger a sociedade da violência e da invasão;
> b) O dever de proteger cada membro da sociedade da injustiça e da opressão de qualquer outro membro; e
> c) O dever de erigir e manter certas obras públicas, e certas instituições públicas quando não fossem do interesse de qualquer indivíduo ou de um pequeno número deles.[62]

O ápice dessa filosofia é o rompimento da tradição do pensamento filosófico, unindo-o a ação política[63] e resultando nos aconteci-

---

60 RICARDO, David. *Princípio da economia política e da tributação.*
61 Idem, p. 7.
62 BASTOS, Celso Ribeiro; MARTINS, Ives Gandra. *Comentários à Constituição do Brasil*, pp. 3 e 4.
63 GRAMSCI, Antonio. *Cadernos do cárcere.*

mentos de outubro de 1917,[64] a Revolução Bolchevique, acontecimento histórico que irá dominar a cena do século XX produzindo uma disputa entre dois sistemas antagônicos — capitalismo x socialismo —, gerando tensões e provocando guerras pela hegemonia mundial; o bolchevismo chegou a seu termo em novembro de 1989, com a queda do muro de Berlim.

No campo do Direito, ocorreu a transmutação da ótica liberal, afirmando-se o individualismo das escolhas humanas. Nesse período histórico, temos o advento do Código Napoleônico, se não o primeiro Direito codificado o mais importante até então. Sob a perspectiva do progresso econômico do século XIX, o Direito assume mera função regulatória, adicionando a seu poder de Estado características nitidamente individuais, desprezando construções teóricas — como o instituto da imprevisão — e prestigiando o formalismo e o rigor contratual. Esta perspectiva, contudo, corre o risco de "coisificar" o humano, atribuindo desmedido significado ao formalismo legal em detrimento de outros aspectos axiológicos importantes.

No início do século XIX, surge Benjamin Constant,[65] que desenvolveu uma nova teoria na qual o poder real deveria ser "moderador", balanceando e restringindo os excessos dos poderes legislativo, judiciário e executivo. Para Constant, a distinção entre os poderes do monarca, como chefe de Estado, e seus ministros, como chefes do Executivo, estaria operando uma tetrapartição de poderes, acrescendo a figura de Chefe de Estado à moldura constitucional. O pensamento de Constant foi revolucionário para a época, pois distinguia a liberdade dos Antigos da dos Modernos: a primeira serviria para sociedades relativamente pequenas e homogêneas, como as cidades-estados na Grécia antiga, nas quais a população se reunia com certa frequência em um local público, fato decorrente de uma economia escravagista, na qual os cidadãos livres aproveitavam-se do ócio para a discussão da coisa pública;[66] a segunda é baseada no império da lei, sendo limitada a participação direta — na liberdade moderna, quem delibera é o parlamento eleito pelo cidadão, que se encontra ocupado com a produção de riquezas. Na Liberdade

---

64 REED, John. *Os Dez Dias que Abalaram o Mundo.*
65 CONSTANT, Benjamin. *Curso de Política Constitucional.*
66 PLATÃO. *O Banquete.*

Moderna, a vontade popular se expressa no parlamento; na Liberdade dos Antigos, na praça pública. Constant, *avant la lettre*, antecipou a forma dos regimes modernos, concebendo a democracia representativa e distinguindo a figura de Chefe de Estado da de Chefe de governo.

No que tange ao Brasil, após a Declaração da Independência em 7 de setembro de 1822 foi adotado o regime monárquico. Em 1824 foi outorgada a primeira Carta constitucional do país, que, dentre outras singularidades, introduziu o Titulo 5º — *Do Imperador, Capitulo I* — que já em seu Artigo 98 estabelecia o Poder Moderador:

> O Poder Moderador é a chave de toda a organização Política, e é delegado privativamente ao Imperador, como Chefe Supremo da Nação, e seu Primeiro Representante, para que incessantemente vele sobre a manutenção da independência, equilíbrio, e harmonia dos demais Poderes Políticos.[67]

Para o Direito Internacional, nesse período, temos o contributo do pensamento de Joseph Story,[68] que formulou as bases do que viria a ser conhecido como Escola Pragmática, firmando as bases do desenvolvimento daquela ciência no campo da *common law*. Sua obra é considerada um autêntico Código de Direito Internacional norte-americano, conforme comentário de Jacob Dolinger.[69] Releva notar que Savigny,[70] fundador da escola historicista do Direito, debateu as ideias do professor de Harvard produzindo uma vasta obra jurídica no cenário europeu científico, o que demonstra a profundidade, riqueza e influência daquele mestre.

Na pós-revolução industrial, a evolução da sociedade capitalista experimentou uma nova etapa. Havia a necessidade de ser pensado um novo Direito Internacional sobre novas bases, pois se descortinava no mundo uma nova ordem econômica, cujos conflitos, ou seja, o cho-

---

67 http://www.planalto.gov.br/ccivil_03/constituicao/constitui%C3%A7ao24.htm.
68 STORY, Joseph. *Commentaries on the Conflict of Laws in regard to Contracts, Rights and Remedies and especially in regard to Marriages, Divorces, Wills, Successions and Judgments.*
69 DOLINGER, Jacob. *Direito Internacional Privado*, p. 140.
70 Friedrich Carl von Savigny (Frankfurt am Main, 21 de fevereiro de 1779 – Berlim, 25 de outubro de 1861) foi um dos mais respeitados juristas do século XIX, autor de uma vasta obra jurídica.

que das potências colonialistas — que ambicionavam novos mercados e fontes de suprimento —, resultam, no século seguinte, no primeiro grande conflito de proporções internacionais: a Primeira Guerra Mundial. Além disso, e em razão das convulsões sociais durante a Revolução Industrial, quando um novo componente social surgiu na disputa política — a classe operária, que vivia em condição de extrema penúria —, formulou-se através da reforma eleitoral a teoria dos partidos políticos[71] — que dominariam o cenário político no curso dos fatos históricos e se transformariam em instrumento da luta pelo poder.

No terreno das ideias, surgiu no cenário da filosofia o teórico Hegel,[72] que resgatou a dialética aristotélica dividindo o pensamento filosófico em hegelianos de direita e de esquerda, estes representados pelo já citado Karl Marx, que também buscou fundamentos para sua teoria econômica nas vantagens comparativas de David Ricardo.[73] O marxismo teria nas décadas seguintes um crescimento sem precedentes, devido, talvez, às péssimas condições de vida experimentadas pelas massas miseráveis, que trabalhavam em situações insustentáveis.

Em linhas gerais, o marxismo pregava a transformação da sociedade pela revolução proletária; esta se daria nos países de capitalismo avançado, como na época se acreditava fosse a nação germânica (Alemanha), na inevitabilidade da derrocada capitalista. Ironicamente, a revolução veio ter lugar nos mais atrasados países europeus, como a Rússia de então, e resultou na derrocada econômica que ocorreu décadas mais tarde nos países socialistas. Marx reduziu o ser humano à categoria de *homo economicus*, ignorando os aspectos culturais, sociais e humanísticos da formação de cada indivíduo, o que levou à falência de suas ideias. Já o capitalismo seguiu cada vez mais pujante, e os países que se proclamaram no campo socialista se tornaram objeto de curiosidade.

1.7 Constituição de Weimar

A corrente de pensamento marxista havia antecipado o curso

---

71 Um dos teóricos da formação dos partidos foi Vladimir Lênin, que uniu ao plano teórico a ação política.
72 HEGEL, Georg Wilhelm Friedrich. *Princípios da Filosofia do Direito.*
73 RICARDO, David. *Sobre a Teoria do Valor.*

da história. Pensadores como Rosa de Luxemburgo,[74] Vladimir Lenin[75] e Leon Trotsky[76] previram que o choque das potências imperialistas na disputa de mercados levaria à guerra, contrariando a visão liberal, que afirmava que o mercado se autorregularia e daria solução às disputas intercapitalistas. Os fatos deram razão àqueles que previram a inevitabilidade da guerra. E das trincheiras, da derrota da armada prussiana, forçada pelas disposições legais do Tratado de Versailles,[77] nasceu a República de Weimar, que desde o início se encontrava condenada ao fracasso.

Originados pela tensa partilha do botim alemão, a hiperinflação e as disputas ideológicas advindas da nova realidade gerada no seio da I Grande Guerra e na Revolução Bolchevique, anos de conflitos dominaram a sociedade alemã, o que culminaria com a ascensão ao poder do partido nacional-socialista. Sua ideologia levaria o mundo a um período totalitário cuja melhor apreensão se dá pelo pensamento arendtiano, conforme Celso Lafer.[78] Para Hannah Arendt, filósofa e pensadora judia alemã,[79] o nazismo foi uma forma de totalitarismo "cujo poder arbitrário, sem o freio das leis" era "exercido no interesse do governante e contra os interesses dos governados".

No campo jurídico há o registro de dois fatos importantes: no México, marcado por anos de desordem civil, a conhecida Revolução Zapatista, imortalizada por John Reed,[80] promulga a primeira constituição econômica, outorgando direitos sociais; e na Alemanha, após sua rendição incondicional em 1919, promulga-se a Constituição de Weimar, representando a ascensão do Estado Social no século XX e rompendo com a tradição do Estado Liberal do século XIX, cujo resultado final foi a incorporação de uma agenda social, assim entendida a inclu-

---

74 LUXEMBURGO, Rosa. *A Crise da Social Democracia.*
75 LENIN, Vladimir. *Imperialismo, fase superior do Capitalismo.*
76 TROTSKY, Leon. *O Imperialismo e a crise da economia mundial.*
77 Tratado de Versailles (1919) foi o tratado de paz que encerrou os conflitos bélicos conhecidos como Primeira Guerra Mundial. Entre outras disposições, determinava que a Alemanha aceitasse todas as responsabilidades por causar a guerra, e que fizesse reparações econômicas às potências vencedoras, sob condições absolutamente injustas.
78 LAFER, Celso. *Hannah Arendt – Pensamento, Persuasão e Poder.*
79 ARENDT, Hannah. *Origens do totalitarismo.*
80 REED, John. *Insurgent Mexico.*

são dos Direitos Humanos de segunda dimensão.

Foi um período fértil na história da Alemanha, que terminou com a ascensão ao poder do partido nacional-socialista e suas nefastas consequências, que levaram o mundo a um novo conflito bélico. Para alguns historiadores, como Hobsbawm,[81] a Primeira Guerra começou em 1914 e terminou em 1945, sendo que o período de 1918 a 1939 trouxe uma recomposição dos atores políticos no cenário internacional. A despeito de seu fracasso político, a República de Weimar, que se iniciou em onze de agosto de 1919, inaugurando o Estado Social, dividiu o poder em cinco esferas de competência: a) Chefe de Estado; b) Parlamento; c) Judiciário; d) Governo; e e) Administração Pública. Por isso, deve ser considerada como o início do Estado social contemporâneo.

As grandes contribuições teóricas nesse período foram formuladas por Hans Kelsen,[82] célebre por sua obra *Teoria Pura do Direito*, que teve profunda influência na construção do neopositivismo lógico. Todavia, o Kelsen do Círculo de Viena não é o mesmo do pós-guerra. Judeu, perseguido pelos horrores nazistas, veio a se radicar nos Estados Unidos, onde publicou a obra *A Luta pela Paz*,[83] que adota uma perspectiva mais naturalista do Direito e, se confrontada com sua *Teoria Pura* anterior, denota entre as duas obras um profundo abismo.

Dentre as inúmeras contribuições desse pensador para o Direito, pode ser citada a Constituição da Áustria de 1920 (a *Oktoberverfassung*). Sob sua influência, a Carta Magna Austríaca introduziu o conceito de controle concentrado da constitucionalidade a cargo do Tribunal Constitucional, incumbido da função exclusiva de guarda da integridade da Constituição. A partir daí, a jurisdição constitucional pôde ser seccionada em duas vertentes: a jurisdição constitucional concentrada (controle concentrado da constitucionalidade) e a jurisdição constitucional difusa (controle difuso da constitucionalidade).

Outra figura de proeminência do período foi o cientista social Max Weber,[84] que deu grande contribuição ao estudo da formulação da administração pública e burocracia, criando no limiar do século

---

81 HOBSBAWM, Eric J. *A Era dos Extremos.*
82 Vide Círculo de Viena. (Escola de Pensamento)
83 KELSEN, Hans. *Peace Through Law.*
84 WEBER, Max. *Theory of social and economic organization.*

XX conceitos adequados à máquina do Estado. Weber descreve a nova burocracia como uma migração da organização estatal, orientada por valores e ação — autoridade tradicional —, para uma organização norteada por objetivos e ação — autoridade legal-racional:

> (...) a promulgação da lei (função legislativa); a proteção da segurança pessoal e da ordem pública (polícia); a proteção dos direitos adquiridos (administração da justiça); a promoção do bem-estar social, educacional e sanitário, e de outros interesses culturais da população (os vários setores da administração); e, por fim, mas não menos importante, a proteção armada organizada contra ataques vindos de fora (administração militar).[85]

A essa altura vale examinar a laureada obra do Conselheiro Ribas,[86] que *avant la lettre* já fazia constar em seus escritos a seguinte advertência:

> Onde, porém, cessa o domínio da lei, e começa a tarefa regulamentar da administração? Em tese já respondemos: a lei formula sínteses gerais e permanentes; a administração desenvolve estas sínteses, aplicando-as às circunstâncias especiais e variáveis do lugar e do tempo; a lei proclama os princípios, a administração deduz e organiza as consequências. Na aplicação prática, porém, desta tese, numerosas dificuldades aparecem, que não acham fácil e completa solução na nossa legislação, nem na ciência, entretanto, cumpre que entremos em alguns desenvolvimentos.

Causam espécie as observações procedidas pelo Conselheiro Ribas em 1861 e antecedendo a Weber em quase 50 anos, o que demonstra a necessidade da modernização do Estado com a construção de uma burocracia eficiente.

Foi um período prolixo em pensadores, debruçados sobre o desafio da construção de uma nova ordem econômica. Temos em Arendt:

---

85 WEBER, Max. *Economy and Society: An Outline of Interpretive Sociology.*
86 RIBAS, Antonio Joaquim. *Direito Administrativo Brasileiro*. Ministério da Justiça. Serviço de documentação, p. 60 (Obra premiada pela Resolução Imperial de 9 de Fevereiro de 1861 para uso nas aulas da Faculdade de Direito do Recife e São Paulo).

Quem então alcançava a novidade, e o que dizia ela? Desde a Primeira Guerra Mundial havia nas universidades alemãs certamente não uma revolta, mas uma grande insatisfação na atividade acadêmica docente e discente, espalhando-se por todas as faculdades que fossem algo além de simples escolas profissionais e todos os estudantes para quem o estudo significava mais que uma preparação para seus ofícios. A filosofia não era um ganha-pão; era antes a disciplina dos famintos resolutos e, por isso mesmo, muito exigentes. Não aspiravam absolutamente à sabedoria: quem se interessava pela solução de todos os enigmas tinha à sua disposição um vasto sortimento no mercado das concepções de mundo e respectivos partidos; para fazer sua escolha, não havia nenhuma necessidade de um ensino filosófico. Mas o que eles queriam, tampouco o sabiam.[87]

O que, ao final, importa destacar, é que os instrumentos da moderna democracia começam a ser forjados, objetivando a construção de uma democracia representativa onde as massas populares seriam representadas por seus mandatários em um Estado modernizado, representativo dos anseios políticos da população. Como afirma Freire Soares, "a República alemã de Weimar, entre 1919 e 1932, foi o microcosmo da cultura constitucional europeia, que logo seria transportada para o mundo ocidental". Adiante, conclui que "nesse período, aparecerá a Teoria da Constituição em 1928 com as obra de Schmitt, Smend e seus discípulos, tornando patente a necessidade de abordar o condicionamento cultural e a fundamentação axiológica da Teoria da Constituição, a fim de demonstrar a intima conexão entre cultura, valores e direito constitucional".[88]

Credita-se atualmente o fracasso da República de Weimar às pesadas condições do Tratado de Versailles que, imposto à Alemanha, impediu a construção de um ideário republicano. As tensões políticas ocorridas entre as forças políticas que disputavam o poder não só destruíram as bases da nascente república, como abriram as portas para a ascensão do nacional-socialismo que dominou o país nas décadas seguintes, levando a um conflito bélico de proporções nunca antes imaginadas.

---

87 ARENDT, Hannah. *Homens em Tempos Sombrios*, p. 222.
88 SOARES, Ricardo Maurício Freire. *O Principio Constitucional da Dignidade da Pessoa Humana*.

Contudo, no encerramento desta narrativa, compete relatar o surgimento de um novo ator na sociedade internacional, inspirado no ideário wilsonista:[89] a Liga das Nações, uma organização internacional com personalidade jurídica de Direito Público, cuja missão principal seria a de assegurar a paz internacional nos anos vindouros, como nos explica Seintefus.[90] Conforme relata Kissinger,[91] "o mundo que Wilson propunha teria base no princípio e não no poder: na lei, não no interesse". Todavia, a precariedade dos instrumentos jurídicos havidos e, principalmente, a ausência do principal ator na arena internacional — os Estados Unidos da América, que já se encontravam na liderança mundial —, provocaram o paradoxo americano em política externa no século XX: embora Wilson acreditasse firmemente que a natureza das instituições internas determinava o comportamento externo do Estado e que uma organização internacional seria a garantia da paz, a América efetivamente não participou da Liga das Nações, fator que talvez pudesse ter impedido os fatos que se desenvolveriam na arena internacional nos anos seguintes.

1.8 Estado do Bem-Estar Social

Em maio de 1945, nos escombros de uma cidade arrasada, os aturdidos alemães ouviram a última emissão da rádio de Berlim, que, ironicamente, e em idioma gaulês, encerrou suas transmissões com um lacônico *"Sauve qui peut"*,[92] prenunciando o fim das batalhas em solo europeu e de cujos fatos a história já cuida. Sobre os restos de uma guerra seria necessária a construção de uma nova ordem jurídica e econômica, garantindo que aqueles terríveis acontecimentos nunca mais tivessem lugar.

---

89 O wilsonismo, tal como é conhecido, foi a política de quatorze pontos elaborada pelo presidente americano Woodrow Wilson (1912 a 1921) no pós-primeira guerra e baseada no idealismo. Uma de suas principais propostas foi a criação da sociedade das nações.

90 SEINTEFUS, Ricardo. *Manual das Organizações Internacionais.*

91 KISSINGER, Henry. *Diplomacia.*

92 Esta emissão é creditada à Rádio de Berlim e há controvérsias sobre sua veracidade. O registro aqui efetuado tem mais valor literário do que científico ["Salve--se quem puder"].

Para tanto, as potências aliadas, vinham discutindo, desde 1942, os caminhos do mundo no pós-guerra, firmando a Carta do Atlântico[93] — documento suplantado pelos acordos de Bretton Woods, que, sem a participação da União Soviética, desenharam a ordem capitalista internacional, propondo: a criação de um Banco Mundial, que cuidaria da moeda; um órgão para administrar as finanças mundiais, o Fundo Monetário Internacional; e a criação de uma organização mundial voltada ao comércio.

Dos três instrumentos de política econômica citados, somente a OIC deixou de ser criada — os interesses norte-americanos que dominavam o comércio mundial e seus poderosos *lobbies* não permitiram sua efetivação. Todavia, em seu lugar foi elaborado o GATT, tratado que originou décadas mais tarde a Organização Mundial do Comércio, de acordo com a crença geral, àquele momento, de que quanto maior fosse a relação de interdependência entre as nações maiores seriam as chances de uma paz duradoura. As chamadas Organizações Internacionais, entidades com personalidade jurídica internacional, assumem um papel de proeminência a partir de Bretton Woods. Em Cretella, temos o registro:

> Uma característica marcante do desenvolvimento das organizações internacionais desde 1945 foi a mudança de *locus* dos processos de decisão relativos a um amplo espectro de matérias, antes exclusivamente governamentais, de governos nacionais para organizações internacionais. Essa mudança foi gradual e pouco notada no início, pois as organizações agiam de forma cautelosa no exercício de seus limitados poderes, e, quando adotavam decisões que pudessem vincular os Estados membros, procuravam primeiro obter consentimento dos Estados para assumir as obrigações. Contudo, esse panorama institucional está evoluindo bastante rapidamente, pois as organizações, cada vez mais, interpretam seu poderes – inclusive de forma vinculante – e os aumentam, fazendo com que o consentimento prévio e individual dos Estados perca importância.[94]

Saliente-se que os acordos de Bretton Woods foram fruto da

---

93 Documento histórico firmado por Winston Churchill e Roosevelt, respectivamente primeiro ministro inglês e presidente americano, tratando da divisão do mundo em áreas de influência política e econômica dos países signatários.
94 CRETELLA NETO, José. *Teoria geral das Organizações Internacionais*, p. 40.

visão de Maynard Keynes e Harry White[95] — que viveu o período da grande depressão e o *New Deal* — arquitetando um novo sistema financeiro mundial que estabeleceu, entre outras providencias, o padrão ouro/ dólar — cujo fim, face à rigidez das taxas de câmbio e juros, a administração Nixon decretou de forma unilateral em agosto de 1971, autorizando a administração a reduzir seus *déficits* externos.

Aos nossos estudos interessa, sobretudo, a construção de um novo organismo, que seria o responsável por cuidar das questões da paz: a Organização das Nações Unidas, que em 1945 foi fundada em São Francisco, Estados Unidos, reunindo inicialmente 51 países. Conforme seu sítio eletrônico:

> A Organização das Nações Unidas é uma instituição internacional formada por 192 Estados soberanos, fundada após a 2ª Guerra Mundial para manter a paz e a segurança no mundo, fomentar relações cordiais entre as nações, promover progresso social, melhores padrões de vida e direitos humanos. Os membros são unidos em torno da Carta da ONU, um tratado internacional que enuncia os direitos e deveres dos membros da comunidade internacional.
>
> As Nações Unidas são constituídas por seis órgãos principais: a Assembleia Geral, o Conselho de Segurança, o Conselho Econômico e Social, o Conselho de Tutela, o Tribunal Internacional de Justiça e o Secretariado. Todos eles estão situados na sede da ONU, em Nova York, com exceção do Tribunal, que fica em Haia, na Holanda.
>
> Ligados à ONU há organismos especializados que trabalham em áreas tão diversas como saúde, agricultura, aviação civil, meteorologia e trabalho – por exemplo: OMS (Organização Mundial da Saúde), OIT (Organização Internacional do Trabalho), Banco Mundial e FMI (Fundo Monetário Internacional). Estes organismos especializados, juntamente com as Nações Unidas e outros programas e fundos (tais como o Fundo das Nações Unidas para a Infância – UNICEF), compõem o Sistema das Nações Unidas.[96]

Em 1948 foi adotada pelos Estados Membros a Declaração Universal dos Direitos Humanos, que ocupa uma posição central na agenda internacional mesmo passados mais de sessenta anos de sua proclama-

---

95 Harry Dexter White, Secretário do Tesouro norte-americano e representante dos Estados Unidos na conferência de Bretton Woods.
96 http://www.onu-brasil.org.br/conheca_onu.php

ção, em que pesem as complexidades e dificuldades inerentes a um documento com tal extensão e profundidade. A Declaração tem o condão de desencadear no plano internacional um movimento de proteção ao ser humano, "prestigiando a restauração do Direito Internacional em que viesse a ser reconhecida a capacidade processual dos indivíduos e grupos sociais no plano internacional", conforme a obra de Cançado Trindade, que sobre os Direitos Humanos, assinala:

> As indicações nesse sentido são inequívocas. Os instrumentos de direitos humanos nos planos global e regional têm encontrado uma fonte comum de inspiração na Declaração Universal dos Direitos Humanos de 1948, à qual se referem expressamente em seus preâmbulos. Em nada surpreende encontrar a liberdade de escolha (pelo indivíduo reclamante) do procedimento internacional — consagrada nos próprios instrumentos internacionais — a ser acionado, seja no plano global ou regional — o que pode reduzir ou minimizar a possibilidade de conflito em nível internacional. Os instrumentos internacionais de proteção dos direitos humanos passaram a mostrar-se, assim, essencialmente complementares uns aos outros, nos planos global e regional. O foco de atenção voltou-se, da ênfase tradicional na delimitação clássica de competências, à garantia de uma proteção cada vez mais eficaz dos direitos humanos. E não poderia ser de outra forma, em um domínio de proteção em que primam interesses comuns superiores, considerações de ordem pública e a noção de garantia coletiva.[97]

Todavia, os instrumentos internacionais criados *per se* não seriam suficientes para garantir a construção de um mundo próspero e pacífico. O pós-guerra legou aos povos a necessidade da construção de novas Instituições Jurídicas, que ao lado das já existentes cumpririam o papel de assegurar a ordem constitucional. Ganhou primazia entre os pensadores do Direito a criação de Cortes Constitucionais, cabendo a esses tribunais não somente a defesa dos direitos subjetivos dos cidadãos perante o Poder Público, como também a defesa objetiva da ordem jurídica — daí terem prevalência absoluta sobre a Constituição, visando o bem comum e a ordem pública.

Inicia-se assim o chamado Estado do Bem-Estar Social, cujo

---

97 TRINDADE, Antonio Augusto Cançado. *O Direito Internacional em um mundo em transformação*.

desenvolvimento relevante se deu na Europa, em particular nos países escandinavos, onde o ser humano passou a ser destinatário da ordem jurídica que lhes garante uma existência digna, baseada nos direitos humanos de 1ª, 2ª e 3ª dimensão. Ao lado da paz social, as liberdades negativas e as chamadas liberdades positivas buscam um equilíbrio reflexivo, de modo a assegurar um meio de vida e garantir o mínimo essencial para a existência humana.

Portanto, o Estado do bem-estar social traduz-se em duas novas dimensões: a hexapartição do poder, que conforme afirmamos no início deste trabalho era única e exclusivamente exercido na figura do soberano absoluto — portanto, uma dispersão do poder —, e a afirmação do ser humano como destinatário da norma jurídica, consubstanciada na Declaração Universal dos Direitos Humanos, conforme observado na importante decisão abaixo transcrita, proferida no Tribunal Constitucional Alemão,[98] a saber:

> *BVerfGE 33, 1 - Strafgefangene*
> (Reclamação Constitucional contra decisão judicial - 14/03/1972)
>
> Matéria:
> Trata-se de uma decisão (*Beschluss*) prolatada no julgamento de uma Reclamação Constitucional de um detento que teve sua correspondência aberta por um funcionário da casa de detenção.
> O reclamante cumpria sua pena de reclusão no final da década de 1960. Durante esse período mantinha contato postal com uma organização de ajuda aos detentos. Em dezembro de 1967, uma carta do reclamante endereçada a essa organização foi interceptada pela administração do presídio. Na carta, o reclamante expressava duras críticas à Administração do presídio e desdenhava do diretor. A medida estava embasada em dispositivos de um decreto administrativo de autoria do secretário da Justiça dos Estados-Membros (acordo legislativo entre os Estados-Membros). Tais dispositivos prescreviam a fiscalização do trânsito de correspondências dos detentos (*Strafgefangene*) por parte da Administração do presídio, prevendo a competência do diretor para interceptar correspondências com conteúdos injuriosos ou que se contrapusessem aos objetivos da execução penal e da segurança e da ordem na casa de detenção. Uma lei das execuções penais ainda não

---

98 SCHWABE, J. *Cinquenta Anos de Jurisprudência do Tribunal Constitucional Federal Alemão*, p.163.

existia na época.

O TCF julgou a Reclamação Constitucional admitida e proceden-te em face do Art. 5, I, 1 GG (liberdade de expressão do pensamento) e não do Art. 10, I (liberdade de sigilo de correspondência), para o efeito de suspender a decisão (*Beschluss*) do Superior Tribunal Estadual de Celle de 8 de março de 1968, a qual havia corroborado a legalidade das medidas da diretoria do presídio.

A decisão judicial transcrita, embora tenha por destinatário fi-nal um simples prisioneiro, demonstra de forma textual o respeito aos direitos fundamentais do cidadão, mesmo este se encontrando encarce-rado e possivelmente destituído de sua dignidade pessoal. É a adminis-tração pública assumindo uma política humanista através de um de seus poderes, de modo a construir o Estado do bem-estar social.

Porém, novos fatos estavam sendo gerados no ventre do capita-lismo para destruir o Estado do bem-estar social que veio efetivamente a iniciar-se na década de 1970, fatos que adiante abordaremos.

Capítulo II
Sociedade da Informação

2.1 O que é e quais suas implicações

Os tempos atuais são marcados pela instabilidade econômica, política e jurídica, demandando aos estudiosos a tarefa de fazer emergir do mundo fenomênico um processo teórico para se compreender a nova realidade, que se descortina ao limiar do terceiro milênio — tarefa, sobretudo, ingrata, que a despeito de esforços teóricos encontra limitações até mesmo pela aceleração do sincronismo temporal, que avança rapidamente criando fatos que superam a capacidade de entendê-los a seu tempo. Mormente após o reinício do processo de mundialização dos padrões produtivos — agora em um novo patamar como adiante se demonstrará, havido a partir da crise do petróleo na década de 1970, que conformou novas realidades —, cujo ápice foi atingido em novembro de 1989, com a queda do muro de Berlim, o mundo transformou-se de bipolar em unipolar, representando um desafio em todos os campos do Direito.

Toma relevo e destaque a necessidade, cada vez maior — e em consonância com o ritmo atual desta etapa do modo de produção capitalista —, de criação de instrumentos jurídicos que possam garantir o mínimo existencial necessário ao ser humano para uma existência digna e a sobrevivência das gerações atuais e futuras frente às ameaças trazidas pelo fluxo incontrolável de capitais no mundo. As garantias existentes parecem não resolver, ou sequer minimizar, no altiplano da sociedade internacional, os problemas ingentes da esfera pública que interferem no espaço privado, impedindo o desenvolvimento de instrumentos que obstaculizem a higidez e concretização dos princípios jurídicos, alternativas que facultem ao gênero humano uma vida digna dentro da ordem capitalista.

Por ocasião da transição do feudalismo para o capitalismo, além da mudança da ordem econômica e da criação de instrumentos jurídicos que garantissem o nascente capitalismo mercantilista, migrou-se de uma compreensão teocentrista da humanidade para uma antropocentrista — o homem como centro da História. A esse período denominou-se Renascimento, no qual obras de incalculável valor intelectual foram criadas, e entre tantas razões, inclusive a citada acima, deu-se a designação de "primeira modernidade". A ocorrência do evento da globalização, a partir da década de 1970, mereceu de Beck[99] a designação de "segunda modernidade". Naquela, como já dito, o homem foi o centro da transformação; nesta, o centro deixou de ser o homem para ser o mercado.

A partir de uma perspectiva filosófica, Foucault[100] analisa a primeira modernidade construindo seu estudo científico a partir da legislação penal, demonstrando que, embora tenha havido um esforço de resgate do ser humano, foram criados ao mesmo tempo instrumentos de vigilância e punição cuja exteriorização se daria no Panóptico de Bentham.[101] Parece-nos que a segunda modernidade, para tomar emprestada a expressão de Beck, traz seu próprio Panóptico, instrumento

---

99 BECK, Ulrich. *O Que é Globalização?*
100 FOUCAULT, Michel. *Vigiar e Punir.*
101 "Panóptico de Bentham é a figura arquitetural dessa composição. O princípio é conhecido: na periferia uma construção em anel; no centro, uma torre: esta é vazada de largas janelas que se abrem sobre a face interna do anel; a construção periférica é dividida em celas, cada uma atravessando toda a espessura da construção; elas têm duas janelas, uma para o interior, correspondendo às janelas da torre; outra, que dá para o exterior, permite que a luz atravesse a cela de lado a lado. Basta então colocar um vigia na torre central, e em cada cela trancar um louco, um doente, um condenado, um operário ou um escolar. Pelo efeito da contraluz, pode-se perceber da torre, recortando-se exatamente sobre a claridade, as pequenas silhuetas cativas nas celas da periferia. Tantas jaulas, tantos pequenos teatros, em que cada ator está sozinho, perfeitamente individualizado e constantemente visível. O dispositivo Panóptico organiza unidades espaciais que permitem ver sem parar e reconhecer imediatamente. Em suma, o princípio da masmorra é invertido; ou antes, de suas três funções — trancar, privar de luz e esconder — só se conserva a primeira e suprimem-se as outras duas. A plena luz e o olhar de um vigia captam melhor que a sombra, que finalmente protegia. A visibilidade é uma armadilha" (Idem, p.190).

da modernidade que controla, vigia e pune. Somos prisioneiros de um Panóptico universal, do qual somos controladores e controlados, vigilantes e vigiados, sem nos darmos conta disso: a rede mundial de computadores, que permite vigiar, controlar e punir.

2.2 Sociedade da Informação

O fim da Guerra Fria e do mundo bipolar levou, em princípio, os mais afoitos, como Francis Fukuyama,[102] a acreditar que, doravante, os desígnios humanos seriam regidos pela unipolaridade, estabelecendo-se o paradigma de uma "Pax Americana" e revigorando a tese de que a humanidade teria atingido, ao término do século XX, o ponto culminante do desenvolvimento da história com o triunfo dos ideais da democracia liberal — acoplados ao modo de produção capitalista —, maturando a imagem de um colapso inevitável de qualquer possibilidade alternativa a esse binômio político-econômico.[103]

Dessa forma, um período de paz e prosperidade estaria garantido, pois a competição entre regimes antagônicos se findara, dando lugar à construção de um amplo edifício por onde transitaria uma nova ordem mundial. A história se apresenta como uma competição entre os mais aptos à disputa econômica. Ainda conforme Beck,[104] temos, de

---

102 FUKUYAMA, Francis. *O fim da história e o último homem.*
103 "Não é producente estabelecer um relação direta e mecânica entre o esgotamento das relações sociais características da indústria clássica e a violência social ou política nas sociedades contemporâneas. É a partir dessa nova realidade, contudo, que se deve buscar entender as características da violência atual como a sua complexidade e mediações. Assim, não existe uma relação automática e imediata da violência contemporânea nos centros urbanos com uma mobilidade social descendente ou com a crise. Se as rebeliões em bairros periféricos ou áreas pobres nas cidades europeias, norte-americanas e latino-americanas têm como pano de fundo um cenário de inacessibilidade ao mercado, carências sociais e escasso acesso aos direitos de cidadania, têm como motivação imediata as arbitrariedades policiais, a falta de acesso, a frustração, as expectativas insatisfeitas, um ódio pela discriminação cultural e racial. A pobreza e o desemprego, mesmo quando traduzem um descenso social, não se transformam imediatamente em violência social contestadora do modelo de desenvolvimento, mas municiam frustrações explosivas que podem se expressar no nacionalismo xenófobo e racista". Idem, p. 408.
104 BECK, Ulrich. *Op. Cit.*

um lado, os vencedores, e do outro os perdedores da globalização, galvanizados por uma ampla massa de destituídos de bens materiais e que somente se fazem notar pela violência de seus atos. A contradição desses atores sociais vem à tona em períodos de convulsões sociais, ocupando transitoriamente o espaço midiático e confluindo nas mais variadas formas de difusão da informação. O discurso, para essa crescente massa social, é a narrativa do devir conformado com o destino reservado pela História.

Mas um olhar crítico poderá apontar que a ruptura desse conflito de tensões estará, senão resolvido, ao menos minimizado com a aplicação da tópica humanista erguida em um longo processo de reflexão dos direitos humanos, disciplina jurídica que vem sendo prestigiada nestes novos tempos, conforme observa João Ricardo W. Dornelles.

A característica que torna singular essa nova etapa do modo de produção capitalista é a extrema concentração de riquezas, gerando polos de prosperidade ao lado da expansão de bolsões de miséria, alienando o homem como destinatário da experiência histórica e estabelecendo o mercado como elemento central.

Frente à lógica do mercado e dos imperativos da ordem econômica, o ser humano vem sendo deslocado do centro para a periferia, despindo-se de seus direitos diante de uma lógica implacável que visa unicamente o lucro e a acumulação de riquezas, afastando e restringindo os direitos humanos por constituírem um fator impeditivo desta acumulação.

Essa crise de tensão tem se elevado, sobretudo, pela formação de um novo "*ethos* social", ainda não totalmente compreendido, que se expressa em uma sociedade fortemente marcada pelo individualismo e pelo consumismo, em detrimento dos valores fundamentais da pessoa humana, com um forte componente tecnológico isolando e compartimentalizando o indivíduo em módulos nucleares, os antagonizando e classificando em função de sua capacidade de consumo. Uma boa medida desse fenômeno pode ser observada na expansão da indústria midiática que celebra o chamado "jornalismo de celebridades", promovendo externalidades e futilidades do ser humano em prejuízo ao conteúdo intrínseco do indivíduo.

No campo jurídico, por ausência de uma definição doutrinária apropriada para o vocábulo globalização,[105] desde os anos 1970 circula a designação de "sociedade da informação", nome de origem conceitual e linguística comum, sendo um desdobramento daquele e pertencendo ao mesmo campo semântico, pois descreve de maneira precisa a nova dimensão do fenômeno da economia global e a influência das novas mídias nas formas comportamentais. Esse termo — Sociedade da Informação — se origina no processo de formação e expansão da economia, que está em permanente processo de transformação na medida em que novas tecnologias são introduzidas num cotidiano no qual a informação, como meio de criação, desempenha papel fundamental na reprodução da riqueza e do conhecimento, inserida, portanto na mesma planura semântica. Esta nova fenomenologia, que contrasta a economia com os direitos humanos, é o que buscaremos correlacionar.

2.3 Narrativa

O léxico "globalização", que aqui utilizamos por mera comodidade didática, possui diversas narrativas. Para Ianni,[106] o fenômeno globalização tem o significado de desenraizar as coisas, as gentes e as ideias. Em Huntingon,[107] a expansão da economia é o processo de expansão da cultura ocidental e do sistema capitalista sobre os demais modos de vida e de produção do mundo, o que leva inevitavelmente a um "choque de civilizações". Ash pondera que "há vozes de discordância desde 1990, como uma tempestade, bem como uma especulação sem fim sobre uma nova ordem mundial".[108] Em outra direção, o pensador italiano Negri[109] defende que a nova realidade sociopolítica do mundo é definida por uma forma de organização diferente da hierarquia vertical ou das estruturas de poder "arborizadas".

---

105 Vide entrevista com José Joaquim Gomes Canotilho, no programa "Direito e Globalização."
106 IANNI, Octavio. *Desafios da Globalização,* p. 45. Nota 25.
107 HUNTINGTON, Samuel. *El choque de civilizaciones y la reconfiguración del orden mundial,* p. 40
108 ASH, Timothy Garton. *Free World: Why a crisis of the West reveals the opportunity of our time,* p. 8.
109 NEGRI, Antonio. *Império,* p. 12.

A despeito das variadas visões sobre o mesmo fenômeno que varre o globo nas últimas décadas, uma nova formação econômica surgiu no panorama mundial. Nesse diapasão, o processo longo e tortuoso que vinha se desenvolvendo desde a década de 1970 acelerou-se de forma imprevisível, dando contornos definitivos a um novo ciclo de expansão da economia, que encontra raízes, nos dizeres de Arrighi,[110] na gênese do capital. Para este pensador italiano, com influências de Karl Marx, o capitalismo se expande em ciclos econômicos cuja primeira manifestação ocorreu na Cidade-Estado de Gênova, onde os financistas da expansão ultramarina ibérica foram os reais beneficiários da rota dos grandes descobrimentos, pois se locupletaram, por meio de transações financeiras, com as riquezas trazidas do Novo ao Antigo Mundo.

Com o declínio do processo expansionista e das disputas intercoloniais, e com a mudança da empresa ultramarina, houve a natural formação de um novo ciclo, o holandês, que encontrou nos Países Baixos as melhores condições econômicas e tecnológicas para ampliar sua atuação. Os novos rentistas dispunham de uma oferta de recursos e capitais que atendia à nova demanda, criando na capital Amsterdam um novo centro financeiro internacional dotado de meios econômicos e jurídicos que superaram a velha forma financista de Gênova. Esse ciclo do capitalismo mercantilista, porém, foi superado pela Inglaterra, berço da Revolução Industrial, que adentrou a competição mundial derrotando os Países Baixos no campo das finanças e militar e passou a dominar o mundo pelos séculos seguintes; posteriormente, iniciou seu declínio devido à expansão de sua antiga colônia no Novo Mundo, a nascente nação norte-americana.

Graças a seus vastos recursos materiais, e sem a necessidade de se envolver em guerras com outras nações, excetuada a Guerra de Secessão — período de convulsão interna originado por um processo de disputa entre as elites agrárias do sul e a nascente burguesia industrial do norte —, as condições objetivas para o desenvolvimento capitalista estavam dadas: desenvolvimento e prosperidade acentuados ocorreram em um período de grandes correntes migratórias vindas da Europa e de alguns centros asiáticos, gerando um ciclo de crescimento sem precedentes. Assim, ao fim da 1ª Guerra Mundial, estavam criadas as condi-

---

110 ARRIGHI, Giovanni. *Longo Século XX.*

ções propícias para a assunção dos Estados Unidos à liderança mundial. Tínhamos uma Europa enfraquecida pelas disputas intercapitalistas, o fim dos Estados Monárquicos Centrais e o surgimento do primeiro Estado Operário,[111] que veio representar uma séria ameaça aos interesses do capitalismo internacional.

Assim, uma nova nação assumiu a hegemonia econômica reivindicando a liderança mundial, calcada em valores morais e ideológicos. Para os observadores da sociedade americana, era a transmudação das aspirações contidas no "Destino Manifesto",[112] para o mundo real. Ou, por outra, era o início de uma nova era mundial, no qual o país norte-americano, agora líder mundial, transpunha para a sociedade internacional o ideário dos *founders* da nação. Transcorrido quase um século desses eventos, a economia americana, apesar de seu poderio bélico e de sua capacidade de liderança, demonstra sinais de declínio frente à construção da nova hegemonia econômica chinesa, que em termos de Produto Interno Bruto já alcança a segunda posição no mundo.[113]

Nos tempos atuais ocorre o descontrole da economia, fruto da anomia jurídica que os mercados pregam para aumentarem suas taxas de lucro. A exorbitância dos rentistas proclamou o livre mercado como a panaceia de todos os males, buscando destruir a ordem jurídica vigente, uma vez que o mercado teria um sentido de urgência. O Direito, para alguns teóricos, passou a ser estudado a partir de uma ótica econômica,[114] buscando a eficiência ótima dos instrumentos financeiros — como apregoou o professor da Universidade de Chicago, Richard Posner.[115] Com as crises do mercado, os antigos arautos do exame dos efeitos da lei sob a perspectiva econômica viram seus argumentos questionados pela realidade e suas teorias "revolucionárias" sendo negadas pelos fatos, uma vez que o neoliberalismo provou ser um instrumento ineficiente na gestão dos interesses públicos e privados.

Dentro do modelo conceitual que estamos apresentando, o mercado tornou-se, *ipso facto*, o sétimo poder, embora não possuindo uma feição institucional: trata-se de um poder fora do Estado, ao qual os

---

111 Rússia Soviética, em outubro de 1917.
112 Ideologia dos fundadores da nascente nação norte-americana.
113 Dados do Fundo Monetário Internacional.
114 COOTER, Robert D.; ULEN, Thomas. *Law and Economics*.
115 POSNER, Richard. *Economic Analysis of Law*.

países foram cedendo por força do Consenso de Washington — que aboliu a figura do capitalismo interventor para em seu lugar construir o neoliberalismo, afirmando a crença na supremacia do mercado sobre a economia.

O chamado receituário monetarista, que será objeto de análise própria, criou diretrizes para a economia mundial. Por detrás de sua concepção, estavam o ex-presidente do FED Alan Greenspan, o ex-secretário do tesouro americano no governo de Bill Clinton, Robert Rubin, e Henry Paulson, membro da assembleia de governadores do FMI. Evidentemente, essa combinação de talentos e concepções acabou por gerar uma visão de mundo onde o mercado predominaria sobre o restante da universalidade dos objetos e pessoas. Impulsionado pelo fenômeno da globalização e pelo advento da rede mundial de comunicações — a internet —, esse ciclo econômico experimentou um círculo virtuoso, vindo sua derrocada acontecer somente no ano de 2008.

A autorregulação do mercado, com seus agentes econômicos agindo de forma independente, ocasionou efeitos adversos na economia mundial. A crença generalizada entre os neoliberais era de que o excesso da regulamentação inibiria a atuação da economia, que buscaria alternativas pragmáticas, como, por exemplo, instalar-se em outro mercado. Portanto, todas as facilidades deveriam ser criadas para atrair os fluxos de capital, que livremente transitava de país a outro em busca de uma taxa maior de remuneração. Por conseguinte, haveria a necessidade de desregulamentação dos antigos marcos legais, que constituíam barreiras de acesso aos mercados.

Como visto acima, há uma gama de divergências sobre a atual divisão internacional do trabalho, seu início, ciclos e términos. Por não ser objeto do presente trabalho, não discutiremos as diversas concepções que ladeiam esse fenômeno, focalizando em nossas observações, exclusivamente, o presente ciclo. Dito isto, vale registrar a perplexidade de Beck:

> Por sua vez, continua a causar polêmica a questão: quando teve início a globalização econômica? Alguns remetem os primórdios do "sistema capitalista mundial" ao século XVI (Immanuel Wallerstein), ao início do colonialismo, outros ao surgimento de companhias internacionais. Para outros a globalização teve início com o término do

câmbio fixo ou com a queda do bloco Leste Europeu...

Talvez encontremos aqui as razões que fazem do discurso e do conceito da globalização algo tão inconstante. Buscar para ele uma definição mais parece uma tentativa de pregar um pudim na parede.

Mas seria possível ao menos filtrar um denominador comum de todas as diversas dimensões e controvérsias da globalização? Evidentemente que sim. Vai-se derrubando passo a passo uma das principais premissas da primeira modernidade, a saber: a ideia de que se vive e se interage nos espaços fechados e mutuamente delimitados dos Estados nacionais e suas respectivas sociedades nacionais.[116]

2.4 Contradições

Após os eventos da Segunda Guerra Mundial, o mundo pressentia a ocorrência de um novo momento econômico. É importante salientar o papel que os direitos humanos já tinham no pós-guerra, tendo como missão apontar para a humanidade a barbárie perpetrada pelas hordas nazistas. A despeito das enormes dificuldades que se apresentavam, os países aliados convergiram para a necessidade da aplicação de uma punição ao hediondo regime, o que foi feito através do Tribunal de Nuremberg, segundo as observações de Flávia Piovesan:

> O Tribunal de Nuremberg, em 1945-1946, significou um poderoso impulso no processo de justicialização dos direitos humanos. Ao final da Segunda Guerra e após intensos debates sobre as formas de responsabilização dos alemães pela guerra e pelos bárbaros abusos do período, os aliados chegaram a um consenso, com o Acordo de Londres de 1945, pelo qual ficava convocado um tribunal Militar Internacional para julgar os criminosos de guerra.[117]

No pós-guerra havia a sensibilidade de que uma nova etapa da experiência humana se anunciava, e instrumentos culturais identificaram o prenúncio dos novos tempos. No campo da literatura, nos anos 1950, o norte-americano *On the road* — que deu origem ao termo "*beatnik*" — previa um mundo em movimento. Sal Paradise, *alter* ego de Jack Kerouac no romance, em determinada passagem afirma que os perso-

---

116 BECK, Ulrich. *Op. Cit.*
117 PIOVESAN, Flávia. *Direitos Humanos e Justiça Internacional*, p. 33.

nagens "estavam desempenhando a única função nobre de nossa época: mover-se". Pois a globalização parece ser um movimento contínuo de pessoas, capitais, bens e fatores produtivos, sendo esta sua principal função. Os anos posteriores tornam realidade esse movimento contínuo.

Nos anos 1960,[118] que presenciaram o apogeu da guerra fria, com a expansão do comunismo, os conflitos no sudoeste asiático e a contracultura, o complexo industrial bélico norte-americano, entre outras ferramentas preparadas para o que parecia um iminente conflito Leste-Oeste, desenvolveu uma rede de comunicações com fins especificamente militares para a eventualidade de um bombardeio atômico, que viria a impedir as existentes. Décadas mais tarde, uma invenção atribuída ao britânico Tim Berners-Lee[119] deu origem à World Wide Web (www). Berners-Lee entrou para a história quando desenvolveu, no início dos anos 1990, o conceito de hiperlinks, primeira troca de informações bem-sucedida entre um navegador e um servidor.

A partir da crise do petróleo em 1973, inicialmente uma represália aos países capitalistas que apoiaram Israel em conflito bélico no Oriente Médio, e percebendo a dependência das fontes energéticas nas economias capitalistas centrais, a Organização dos Produtores de Petróleo — OPEP — organizou ações visando um aumento generalizado do preço de sua *commodity* (petróleo), obliterando o modelo econômico

---

118 Década pródiga em debates intelectuais, que hoje não fariam tanto sentido. Vide o texto reproduzido a seguir: "De acordo com Hegel, o homem 'produz-se' a si mesmo por meio de pensamento, enquanto para Marx, que virou o 'idealismo' hegeliano de cabeça pra baixo, era o trabalho, a forma humana do metabolismo com a natureza, que preenchia essa função. E embora possa ser defendido que todas as noções do homem criando-se a si próprio tenham em comum o rebelar-se contra a própria facticidade [*factuality*] da condição humana, nada é mais óbvio do que a afirmação de que o homem não deve sua existência a si mesmo, tanto como membro da espécie quanto como indivíduo — e que, portanto, o que Sartre, Marx e Hegel têm em comum é mais relevante do que as atividades particulares por meio das quais esse não-fato poderia presumivelmente advir; não se pode todavia negar que um abismo separa as atividades essencialmente pacíficas do pensamento e do trabalho de todos os feitos da violência. 'Atirar em um europeu é matar dois pássaros com uma mesma pedra (...); aí jazem um homem morto e um homem livre', diz Sartre, em seu prefácio. Esta é uma frase que Marx jamais poderia ter escrito" (H. Arendt, *Sobre a violência*).

119 Tim Berners-Lee é considerado o inventor da moderna rede mundial de computadores.

vigente em face dos desafios de uma escassez nunca vista até então.

O dilema das potências capitalistas foi enfrentado em duas esferas distintas: organizou-se um *lobby* dos países consumidores de energia para fazer frente à alta generalizada do petróleo, e desenvolveram-se novas tecnologias calcadas na informatização e racionalização da produção. A alteração do paradigma anterior, sem que se percebesse, levou à aceleração do processo que culminaria nos anos 1980, com o fim da Guerra Fria, e na década seguinte, os anos Clinton:[120] a Nova Economia. Com o naufrágio da empresa Enron,[121] verificou-se que a nova economia padecia dos antigos defeitos; e eufemismo do economês foi definitivamente abandonado e em seu lugar voltou o termo "globalização".

Henry Kissinger narra os fatos ocorridos:

> Nenhuma crise da segunda metade do século vinte desabou sobre um mundo tão despreparado quanto a disparada pela quadruplicação dos preços do petróleo. Em apenas três meses, os sistemas globais político e econômico encontraram-se diante de enormes desafios que ameaçavam suas próprias fundações.
>
> Uma hemorragia de capitais das nações industriais para as produtoras de petróleo resultou num déficit comercial adicional, sem paralelo, de 40 bilhões de dólares dos países da Organização para Cooperação Econômica e Desenvolvimento – OECD – (aproximadamente 125 bilhões em dólares de 1997). O choque do petróleo causou mortal combinação de severa recessão e alta inflação, que nos EUA chegou ao pico de 14 por cento ao ano. A crise energética foi ainda mais desastrosa para as nações não produtoras de petróleo do mundo em desenvolvimento. Elas foram imediatamente sobrecarregadas com o déficit coletivo adicional anual de mais do dobro do total da entrada da ajuda estrangeira por ano.[122]

A consequência do choque do petróleo foi a substituição do modelo fordista, de produção concentrada e em série, por um modelo de dispersão, conhecido como toyotista, que exportou indústrias para o

---

120 A Era Clinton são os anos da administração de Bill Clinton, que gerou elevadas expectativas num mundo em transformação.

121 Empresa norte-americana que idealizava o mito da "nova economia" na Era Clinton. A empresa experimentou a falência, destruindo o mito que a cercava.

122 KISSINGER, Henry. *Memórias*. 3º Vol., Trad. Joubert de Oliveira Brizida, pp. 686-7.

terceiro mundo e com elas problemas sindicais, ambientais e políticos, concentrando nas economias capitalistas centrais a produção de bens de alto valor agregado e criando um ambiente e modo de vida propício à classe média, gerando uma "economia do conhecimento", como percebeu Peter Drucker.

Na esfera jurídica ocorreu uma ruptura do tradicional modelo de Estado interventor, concebido por Keynes na grande depressão,[123] com a migração para o modelo de Estado regulador, afastando o Estado do comando central do capitalismo, que passou a ser exercido por agências reguladoras, daí justificar-se um modelo de privatização da economia, com agências reguladoras no domínio privado.

No plano privado, a partir da década de 1970, sob as mais variadas escusas os direitos e garantias individuais — direitos de primeira e segunda dimensão — começam a ter sua efetividade relativizada, ocorrendo uma revisão do Estado do Bem-Estar Social e uma tentativa de retorno ao *laissez-faire*. Os críticos dessa nova ordem não tardaram em chamar de neoliberais os defensores do modelo não interventor.

Novas legislações foram editadas para ajustar a Nova Economia ao Direito, e outras gradualmente suprimidas. Houve um claro privilégio para o caráter não intervencionista do Estado, elegendo o mercado como destinatário final do comando legal. Com o movimento de supressão dos direitos e garantias individuais visando o fim do Estado do Bem-Estar Social, surgiu uma tensão dialética entre os indivíduos e os entes estatais. A difusão do conhecimento ampliou-se, dando corpo ao que Ortega y Gasset[124] prenunciou em sua obra clássica. A necessidade de quadros profissionais para a gestão da complexa economia capitalista obrigou a formação de uma nova camada social, os *white-collars*, para atender a crescente e imperiosa expansão das forças do mercado.

Um importante fenômeno ocorreu no plano jurídico internacional com a introdução da nova Lex Mercatoria,[125] que, em resumo, é a designação de um conjunto de princípios, instituições e regras, como mencionado por Luiz Olavo Baptista. Assim, teremos institutos criados pelas práticas comerciais incorporados aos contratos internacionais, ge-

---

123 Anos 1930.
124 ORTEGA Y GASSETT, José. *Rebelião das massas.*
125 Designação dada à antiga lei dos mercadores feudais.

rando consequências legais e largamente adotados pelos entes privados.

A Lex Mercatoria teve sua primeira aparição na Idade Média, momento em que os poderes estavam pulverizados entre vários atores, além dos nascentes Estados, grupos religiosos, cruzados, senhores feudais e comerciantes, entre outros que definiam a política internacional. Há os que defendem um paralelo entre aquele período e o mundo atual, como é o caso de Parag Khanna, que em sua narrativa do mundo contemporâneo[126] defende a metáfora de um mundo moderno medieval: Estados, ONGs, multinacionais, grupos terroristas, enfim, um planeta pulverizado em centros de poderes distintos, constituindo um quadro fragmentado.

Os modelos contratuais da *common law* norte-americana migraram para o Direito Codificado, desestabilizando instituições jurídicas tradicionais e criando uma nova camada linguística e jurídica no direito romano-germânico. Mayer Feitosa,[127] em seus estudos acadêmicos em Coimbra, fez uma exaustiva abordagem desses novos modelos contratuais baseados na autonomia da vontade e na criação de um novo modelo jurídico que afasta a intervenção estatal, via Poder Judiciário, para colocá-lo na órbita privada, *vis-à-vis* o que hodiernamente se tem como arbitragem, assim percebida pela acadêmica após extensa tese de doutorado em conclusão: "Um contratante não tem que ser protegido em função do outro e o Estado não precisa interceder para equilibrar posições contratuais", daí resultando, portanto, um novo parâmetro a reger as relações contratuais de forma a relativizar a presença estatal no domínio da esfera privada, o que em si não representa um malefício, mas indica a diminuição do papel do Estado entre os jurisdicionados.

O aumento do preço das *commodities* criou um excesso de poupança líquida nos países produtores, e, por via de consequência, um aumento na expansão da oferta de crédito, com juros atraentes para os países em desenvolvimento, o que seria o embrião do endividamento externo na década de 1980, resolvido somente pela securitização das dívidas através do Plano Brady. Por conseguinte, os ajustes nas economias

---

126 Pensador indiano radicado nos Estados Unidos.
127 FEITOSA, Maria Luiza Pereira de Alencar Mayer. *Paradigmas Inconclusos: Os Contratos entre a Autonomia Privada, a Regulação Estatal e a Globalização dos Mercados*, p. 569.

e o início de um círculo virtuoso propiciou um incremento da corrente comercial, via exportação/ importação. Os organismos mundiais e os agentes econômicos se prepararam para um novo momento da economia mundial, como, por exemplo, a oitava rodada do antigo sistema GATT no *round* Uruguai; os atores do comércio mundial, após oito anos de discussão sucessiva, entraram em acordo para criar uma organização internacional do comércio[128] voltada para o comércio mundial. Discorrendo sobre esse tema temos em Filkenstein a seguinte observação: "Em suma, sendo o Espaço uniforme nas tratativas internas, e não havendo discrepâncias em como a região trata o comércio com terceiros, este espaço é efetivamente uma área equânime de regras determinadas e pode assim ser tratado pela OMC. Grosso modo, poderíamos dizer que à OMC, o espaço alcança status de Estado."[129]

Todavia, o aspecto da análise jurídica da integração dos blocos regionais será deixado para uma ocasião mais propícia, na qual esse relevante fenômeno econômico e político observará um rigor próprio, não porque seja menos importante, ao contrário: devido à extensão do tema e suas implicações, deve-se ter um rigor científico cujo objeto será certamente um trabalho à parte.

Lembrando, a previsão da criação de uma Organização Mundial do Comércio data do pós-guerra, e não foi sem conflitos de concepção, entre os países em desenvolvimento e os desenvolvidos, que se criou essa nova Organização Mundial. Questões como subsídios, barreiras não tarifárias e protecionismo têm impedido o avanço dos acordos, e sobram acusações a cada lado. O fato é que a economia mundial foi sendo ajustada para os anos vindouros, e muito mais que uma tentativa de liberalização do comércio mundial, ocorreram simultaneamente ajustes estruturais nas economias em desenvolvimento, o que veio a ser conhecido como Consenso de Washington. Tais condições reunidas criaram um caminho natural para a denominada "globalização", mas restava a tarefa de destruição do legado humanista, que, em si, representava uma barreira para a expansão desse ciclo, pois se voltava exclusivamente à

---

128 OMC – Organização Mundial do Comércio.
129 FINKELSTEIN, Cláudio. *A Organização Mundial do Comércio e a integração regional.*
http://bdjur.stj.gov.br/xmlui/bitstream/handle/2011/20679/organizacao_mundial.pdf?sequence=

proteção dos direitos políticos, sociais e ambientais em uma perspectiva individual, coletiva e universal. Um longo período de disputas se colocou diante das visões ortodoxas e conservadoras, tendo como desafio o progresso centrado no ser humano, amparado no plexo normativo da tópica humanista.

2.5 Sociedade da Informação, Economia e Direitos Humanos

As características da globalização são: a homogeneização dos centros urbanos, a expansão das corporações para regiões fora de seus núcleos geopolíticos, a revolução tecnológica nas comunicações e na eletrônica, a reorganização geopolítica do mundo em blocos comerciais regionais (não mais ideológicos), a hibridização entre culturas populares locais e uma cultura de massa[130] supostamente universal, entre outros.

Milton Santos, em estudo dedicado à análise da globalização, afirma a existência de três "globalizações" operando simultaneamente e em níveis diversos: o mundo tal como nos fazem crer, a globalização como fábula; o mundo como é, a globalização como perversidade; e o mundo como pode ser, uma outra globalização.[131] A afirmação do geógrafo nos permite antever três cenários distintos: a globalização como panaceia de todos os males, e, por acréscimo, o ingresso dos países periféricos no centro do capitalismo, consoante os arautos do Consenso de Washington; a globalização como uma perversidade que salta à vista, expressada por todos os malefícios da segunda modernidade, assim traduzida nas crises sistêmicas da criminalidade, meio ambiente, miséria e toda sorte de mazelas trazidas pela concentração excessiva das riquezas; e uma outra globalização, em favor da construção de um capitalismo em prol de tudo e todos, cuja concretização indispensável será a aplicação dos Direitos Humanos em todas as suas dimensões, conforme Sayeg[132] vem defendendo em seu magistério na disciplina de Direito Econômico

130 Para maiores esclarecimentos sobre o tema, vide ORTEGA Y GASSET, *op. cit.*
131 SANTOS, Milton. *Por uma outra globalização do pensamento único à consciência universal*, p. 18.
132 SAYEG, Ricardo Hasson; BALERA, Wagner. *O Capitalismo Humanista*: *Filosofia Humanista de Direito Econômico.*

na Pontifícia Universidade Católica de São Paulo — a partir de uma ótica cristã, como fazem certo suas afirmativas, ou por outra, como é o caso deste trabalho, a partir de uma visão laica e progressista que visa o resgate do ser humano para o centro da humanidade, amparado no legado jurídico-filosófico humanista transposto ao direito positivado. Todavia, há um claro nexo causal entres essas duas visões da informação.

Um paradoxo vem ocorrendo: a sociedade, ao mesmo tempo em que aproxima o ser humano através de processos tecnológicos da informação, diminuindo as barreiras geográficas, distancia este mesmo homem perplexo, isolando-o no retângulo de sua tela de computador.

Além disso, a crise das utopias do século XIX e XX, disputa que antagonizou, nos dizeres de Fernando Henrique Cardoso,[133] os românticos e os realistas, colocou em evidência as fragilidades do projeto socializante, marcado pela supressão do indivíduo em desfavor no Estado Totalitário. Em seu lugar restou uma ordem capitalista neoliberal, que sistematicamente destrói todo o legado humanista erigido ao longo dos séculos, decepando direitos e conquistas sociais como se estivéssemos num regresso aos primórdios do capitalismo industrial, quando não existia a garantia do mínimo essencial.

Para sobreviver, a ordem capitalista, por óbvio, necessita de pessoas com poder aquisitivo de consumo, um meio ambiente para as presentes e futuras gerações, saúde, educação, liberdade política e social para todos. Uma das iniciativas de resgate do sistema capitalista estaria representada pelas intervenções que as Nações do G-8,[134] atualmente ampliado para o G-20, estão fazendo ao redor do mundo — todavia centrada na recuperação da economia, relegando o homem, enquanto gênero, como destinatário da grande aventura sobre o planeta.

Ante o fracasso da experiência atual, que significou a falência do "não-Estado", do "não-direito" e do "não-ser humano" busca-se uma

---

133 A administração Fernando Henrique Cardoso efetivou as privatizações do estado, estruturando as agências reguladoras e abrindo o mercado brasileiro à competição internacional.

134 Grupo que reúne a governança mundial estabelecido a partir de 1975 por iniciativa do presidente francês Valéry Giscard d'Estaing, que reuniu a princípio as seis principais economias. Ampliado posteriormente com a entrada do Canadá (G7) e da Rússia (G8) atualmente conta com 20 participantes, aí incluído o grupo dos países emergentes.

nova alternativa, na qual, em obséquio ao princípio da compressão máxima dos direitos humanos, deverá ser erigida uma nova ordem onde o homem seja mantido como centro da modernidade. Não seria o retorno do Estado do bem-estar social, representado por um *neokeynesianismo*[135] na segunda modernidade, conforme expressão utilizada por Beck,[136] e sim a busca de um novo paradigma humanístico, assentado em normas jurídicas que busquem a proteção do individuo frente ao Leviatã — uma visão simples, humanista e progressista.

Na verdade, o presente momento não atravessa uma crise intersistêmica, encerrando uma etapa histórica de um modo de produção e transitando para uma nova experiência histórica, ou, sob o viés marxista,[137] "a grande crise geral e irreversível do capitalismo", mas vive, sim, a supremacia de um setor da economia privada sobre os Estados Nacionais, cuja reversão no momento se busca lograr. O fundamental que esta crise traz como ensinamento é a possibilidade de se conjugar desenvolvimento econômico e direitos humanos, elegendo a humanidade como sua missão final. Este viés, aliás, será fundamental para a aplicação da soberania enquanto atributo do Estado moderno, protegendo os seus nacionais com base nos direitos humanos de modo a garantir uma existência digna, dentro das diversas possibilidades existenciais.

135 Keynesianismo é a teoria econômica consolidada pelo economista inglês John Maynard Keynes em seu livro *Teoria Geral do Emprego, do Juro e da Moeda* [*General Theory Of Employment, Interest And Money*].
136 BECK, Ulrich. *Op. Cit.*
137 MARX, Karl. *O Capital.* Tradução: Reginaldo Sant'anna.

Capítulo III
Soberania

3.1 Exame do instituto sob a perspectiva jurídica

Em que sentido, se é que há algum, as Sociedades Modernas estão se transformando?

É de rigor observar que a globalização se choca com as ideias de soberania advogadas por Jean Bodin,[138] como observa Ives Gandra ao dizer que "Bodin intenta uma postura política intermediária entre o realismo de Maquiavel[139] e o idealismo de Hobbes,[140] mantendo, no entanto uma política desvinculada da ética".[141] Em sua obra *Six Livres de la République* [*Os Seis Livros da República*] fica claro que soberania, para Bodin, é um poder perpétuo, ilimitado, absoluto, dentro dos limites estabelecidos pela lei — segundo Gandra uma visão voltada ao Estado e ao soberano, afastada das questões ligadas à cidadania, a justificar, portanto, o poder centralizador do soberano na administração e o controle do poder numa época em que a ascendente burguesia organizava o capitalismo mercantilista, sob os auspícios de uma ordem política. O conceito, eminentemente político, dominou por séculos o cenário da primeira e da pós-modernidade, havendo, contudo, discussões e variações na percepção desse instituto.

É importante abrir um parêntese nesta narrativa para que não

---

138 Monge Carmelita que viveu de 1529-1596, e concebe a ideia de um Estado onde a Soberania se exerce pelo fato de ditar leis sem o consentimento do súdito.

139 Niccolò Machiavelli foi uma das figuras mais proeminentes do iluminismo italiano. Sua principal obra política é *O príncipe.*

140 Thomas Hobbes foi um político e filósofo inglês, autor de *Leviatã* (1651) e *Do cidadão* (1642).

141 MARTINS FILHO, Ives Gandra. *Manual Esquemático de Filosofia*, p. 131.

se deixe de citar a Teoria da Competência — *Kompentz-Kompentez* —, doutrina sistematizada no início do século XX segundo a qual o Estado determina competências sobre as demais competências, repartindo o poder geral entre os diversos entes republicanos, de modo a estabelecer mecanismos de autocontrole, também conhecidos na doutrina constitucional como "*Checks and Balances*". Assim, o tradicional conceito político de competência transmuda-se de político a jurídico.

A este turno, citamos Castro, que preleciona:

> A chamada teoria da competência foi organizada em artigo publicado em 1906, a respeito de território, pelo jurista austríaco Ernest Radnizky, que realçou a competência para determinar a competência, ou competência sobre as competências (Kompetenz-Kompetenz, conforme a técnica Alemã); e este é o poder (competência) de definir todos os outros poderes (competências) e o conceito jurídico de soberania.[142]

Como observa Wriston:

> O mercado global passou da retórica para a realidade quase sem o percebermos. As antigas fronteiras políticas nas nações-Estados estão se tornando obsoletas pela aliança do comércio e da tecnologia. As fronteiras políticas, que há muito são causa de guerras, estão se tornando permeáveis. O comércio não tem esperado que o processo político se ajuste à tecnologia, mas tem tendido a empurrá-la. Isto é especialmente notável na Europa, onde a nova geração de gerentes comerciais está decidida e determinada que a integração do Mercado Comum em 1992 chegará no prazo devido, não obstante os líderes políticos muitas vezes parecerem relutantes em ver seu poder comprometido.
>
> Com as fronteiras nacionais, a soberania tradicionalmente tem transmitido o poder para os governos regularem os principais empreendimentos da sociedade, desde a atenção à saúde até a indústria pesada. Numa economia dominada por produtos que consistem largamente em informação, este poder se deteriora rapidamente.[143]

O paradigma de Estado Constitucional parte de supostos tradicionais para a existência de uma nação soberana. O Estado, sob o ângulo

---

142 CASTRO, Amilcar de. *Direito Internacional Privado*, p. 5.
143 WRISTON, Walter B. *O Crepúsculo da Soberania*, pp. 9 e 10.

da globalização, se limita por ingerências de natureza externa, já que os fluxos dos mercados financeiros geram turbulências no plano econômico, como é o caso da presente crise dos mercados mundiais, que se reflete na esfera política e jurídica. Assim, a decisão de um comitê investidor de determinado conglomerado financeiro terá maior densidade do que muitas decisões havidas em poderes regularmente constituídos. Decisões provindas de Organizações Internacionais, como é o caso da Organização Mundial do Comércio, terão maior efetividade do que sentenças pronunciadas nas altas cortes de países soberanos, ou mesmo do que princípios consagrados nos textos constitucionais, conforme observa Luiz Olavo Baptista em entrevista ao Jornal do Advogado.

Uma corrente expressiva da doutrina afirma que os elementos essenciais para a existência do Estado seriam: o Território como elemento físico, a População e o Governo soberano.[144] Nesse mesmo sentido, dispõe a Convenção Pan-Americana de Montevidéu sobre o Direito dos Estados:

> O Estado, como pessoa de Direito Internacional, deve reunir os seguintes requisitos: a) população permanente; b) território determinado; c) Governo; e d) a capacidade de entrar em relação com os demais Estados.[145]

A forma de Estado Soberano supõe a existência de uma pessoa jurídica de Direito Público com personalidade internacional, que tenha independência para manter uma relação de equivalência com seus pares. Hoje, não há dúvida de que as teorias de Direito consideram o Executivo, o Legislativo e o Judiciário como partes integrantes de um Poder independente e autônomo, ou seja, soberano. Na atualidade, os Estados, em sua ampla maioria, possuem uma formação desse jaez; não se encaixam, contudo, no perfil clássico de *soberania*, uma vez que decisões tomadas fora de seu âmbito detêm maior proeminência do que o Estado em si. Assim, no plano jurídico internacional, a soberania perde substância, como observa Finkelstein:

> Levando-se em conta o conceito e os elementos constitutivos da

---

144 Cf REZEK, J.F. *Direito Internacional Público.*
145 Decreto n. 1.570 de 13.04.1937.

soberania, dispostos acima, e aplicando-os ao Estado federalista clássico, podemos tecer os seguintes comentários: em uma federação, apesar de as diferentes regionalidades gozarem de certo grau de autonomia, não se pode dizer que estas sejam soberanas senão em virtude do próprio pacto federativo. A autonomia dos entes da federação está limitada a determinadas matérias dispostas constitucionalmente. A União, sendo detentora de outras competências, por força da mesma constituição, tem prerrogativas de, em certos casos, impor determinações a serem observadas pelos entes federados. Assim, para a regionalidade em uma federação clássica, fica descaracterizado o elemento da soberania, de acordo com o qual o ente soberano não se sujeita a outros centros normativos — no caso dos entes federados, esta sujeição existe, fixando, então a distinção entre atuação soberana daquela em contraposição a atuação autônoma desta. Tampouco se manifesta o elemento consistente na independência na ordem internacional. Isso fica claro pelo simples fato de os entes federados não gozarem de independência externa. Soberana é a federação, vista como um Estado perante a comunidade internacional.[146]

O Consenso de Washington[147] limitou as ações soberanas dos Estados, reduzindo a iniciativa dos países para sustentar uma estratégia global ofensiva. Mais uma vez, a noção de soberania é relativizada, conforme dispõe Bobbio:

> A plenitude do Poder estatal se encontra em seu ocaso: trata-se de um fenômeno que não pode ser ignorado. Com isto, porém, não desaparece o poder, desaparece apenas uma determinada forma de organização do poder, que teve seu ponto de força no conceito político-jurídico de soberania. A grandeza histórica deste conceito político-jurídico consiste em haver visado uma síntese entre poder e direito, entre o ser e o dever ser, síntese sempre problemática e sempre possível, cujo objetivo era o de identificar um poder supremo e absoluto, porém legal, é o de buscar a racionalização, através do direito, deste poder último, eliminando a força da sociedade política. (...).[148]

---

146 FINKELSTEIN, Cláudio. *Lições de Direito constitucional em homenagem ao jurista Celso Bastos: a caminho de uma Federação Europeia*, p. 766.
147 Williamson criou a expressão "Consenso de Washington" em 1990: constitui-se de dez medidas recomendadas para tirar os países da crise do endividamento, entre elas a privatização das empresas estatais e a abertura dos mercados para os estrangeiros.
148 BOBBIO, Norberto. *Dicionário de Política*.

Assim, afirma-se que os interesses vitais das nações estão sendo gradativamente transferidos para outros centros de poder, afastando a opinião pública e o eleitorado do centro das decisões e afetando a soberania. De fato, pode se verificar ter havido transferência do poder constituído da forma horizontal e equivalente, ou seja, os poderes judiciários, legislativo e executivo, formadores do Estado moderno e republicano, para um eixo que transcende esse vértice, dispondo-o de forma vertical, o que contrasta com a soberania tradicional, advinda da concepção de Estado-Nação. Ou seja, o exercício da cidadania está sendo subjugado aos interesses do mercado, em prejuízo dos direitos fundamentais do cidadão.

3.2 Consenso de Washington

Na *receita monetarista* formulada por John Williamson,[149] que criou a expressão "Consenso de Washington",[150] o Estado sofre uma desregulamentação legal, tornando o capital mais livre ao se descolar da Economia do Direito. A ressalva é que o receituário monetarista não é de cunho obrigatório, a não ser para os países que necessitem sacar recursos do Fundo para o ajuste macroeconômico determinado pelo FMI. O decálogo monetarista é de cunho liberal, mas sua estruturação é local, observadas as questões políticas particulares de cada Estado. Na área legal, onde houver pressão política exterior, os órgãos estatais propõem políticas e as acompanham para assegurar sua aprovação,[151] e a isso se atribui a possibilidade de um declínio no instituto da soberania, forma-

149 Para um aprofundamento no pensamento do autor sugerimos a leitura dos seguintes textos: *Targets and Indicators: A Blueprint for the International Coordination of Economic Policy with Marcus Miller* (1987); *Latin American Adjustment: How Much Has Happened?* (1990); *Currency Convertibility in Eastern Europe* (1991); *From Soviet Disunion to Eastern Economic Community?* with Oleh Havrylyshyn (1991); e *Trade and Payments after Soviet Disintegration* (1992).

150 O regramento do Consenso de Washington traduz-se na observância do seguinte decálogo: disciplina fiscal; redução dos gastos públicos; reforma tributária; juros de mercado; câmbio de mercado; abertura comercial; investimento estrangeiro direto, com eliminação de restrições; privatização das estatais; desregulamentação legal; direito à propriedade intelectual.

151 No caso brasileiro, o receituário foi a edição de diversas legislações (Lei de Responsabilidade Fiscal; Lei de Patentes e até a Lei de Recuperação Judicial).

dor do Estado moderno e insculpido em nossa Constituição Federal nos Artigos 1° e 170°. A este turno abrimos aspas para um breve comentário acerca do citado artigo, de cuja leitura integral se compreende a regência jurídica da economia, pois se denomina o capítulo do texto constitucional de "ordem econômica", subjugando esta àquela e constituindo, portanto, o conceito de Direito Econômico. A natureza jurídica desse comando legal, acoplado a outros ditames constitucionais, não passou despercebido ao professor Fábio Nusdeo, que afirma que Economia e Direito são, assim, indissociáveis.[152]

A economia, assim considerada como categoria jurídica, é a expressão universal das atividades mercantilistas, industriais e financeiras estruturada pela ordem jurídica, em conformidade com o direito de propriedade afirmado em Locke,[153] daí decorrendo o direito subjetivo da propriedade calibrado com as demais prestações positivadas em nosso ordenamento jurídico, cujo destinatário final é o cidadão.

Sobremaneira, as transformações por que passa a sociedade moderna têm como resultado a perplexidade do ser humano, criando indagações ainda não respondidas no plexo jurídico. A tradicional soberania muda seu caráter através dos tempos, diferenciando-se daquela discorrida por Bodin[154] e seus sucessores,[155] que se debruçaram sobre a temática. Concebida como um instrumento jurídico, a soberania legitimava os atos do "soberano" ("*The King can do no wrong*";[156] "*L'État c'est moi*"[157] etc.). Numa fase posterior mais politizada, passa-se a limitar sua aplicação, ou seja, há uma interferência política na condução dos afazeres do Estado, junto a uma autolimitação jurídica. A motivação maior hoje em dia é econômica (até pelo exemplo acima, do FMI, e o condicionamento para concessão de empréstimos ou financiamentos). As decisões das organizações internacionais estão cada vez mais pautadas numa racionalidade econômica, conforme a obra de Cretella:

---

152 NUSDEO, Fábio. *Fundamentos para uma Codificação do Direito Econômico*.
153 LOCKE, John. *Dois Tratados sobre o Governo*.
154 BODIN, Jean. *De La République*.
155 HOBBES, Thomas. *Leviatã*. Tradução de João Paulo Monteiro e Maria Beatriz Nizza da Silva.
156 Máxima contida nas antigas decisões da *Common Law* inglesa.
157 Frase atribuída ao Rei absolutista Luiz XIV de França.

A força motriz do exercício da soberania é o interesse econômico, amoldando o político e o jurídico.[158]

Atualmente, poderíamos afirmar que existe primazia de uma "soberania financeira", uma vez que esta se sobrepõe às demais, ditando a política nacional e impondo o fim de um conjunto de instrumentos legais que regulamentava a sociedade do bem-estar social, gerando uma crise na segurança e no meio ambiente e o desemprego estrutural como subprodutos da globalização, pois há um movimento de concentração financeira gerando riquezas, porém as retendo.

José Eduardo Faria aponta o impacto da globalização econômica nos conceitos dos institutos de direito material, tais como Nação, Estado e Soberania, conforme se observa abaixo:

> A identificação da natureza das instituições de direito surgidas com a globalização econômica, o mapeamento das práticas normativas emergentes com esse fenômeno e o exame dos inúmeros e complexos desafios teóricos, problemas analíticos e questões metodológicas por elas hoje interpostas ao pensamento jurídico passam, obrigatoriamente, como se vê, pela importante questão da efetividade do próprio princípio da soberania do Estado-Nação, enquanto condição epistemológica necessária (ainda que não suficiente) da teoria jurídica moderna. Nação, Estado e soberania, como é sabido, são conceitos conectados ou relacionados com processos econômicos, sociais, políticos e culturais que se implicam e se complementam.[159]

No que diz respeito à segurança do indivíduo em sua dimensão humana, frente ao grande Leviatã, conforme Hobbes,[160] o *decoupling*[161] — ou, em simples português, descolamento — entre a Economia e o Direito trouxe consequências nefastas, gerando aturdimento: não se sabe com que palavra qualificar o que anda pelo mundo. Para o Direito, é obrigatória a releitura do instituto da soberania insculpido em nosso Artigo I, inciso III da Constituição Federal de 1988, reafirmado no Arti-

---

158 CRETELLA NETO, José. *Empresa transnacional e direito internacional: exame do tema à luz da globalização.*
159 FARIA, José Eduardo. *O Direito na Economia Globalizada.*
160 Hobbes, Thomas. *Op. Cit.*
161 Não há tradução literal para o português, tratando-se de um fenômeno físico onde as partículas se descolam do átomo.

go 170 e seus incisos. Impõe-se um corte epistemológico em nossa abordagem, no qual será utilizada uma vertente, axiológica, ontológica[162] e histórica sem, contudo, olvidar-se a antiga lição do pensamento ponteano, que define o Direito Internacional como "um direito sobre leis".[163] Trataremos de analisar o confronto de duas experiências capitalistas, o *laissez-faire* e o Estado do Bem-Estar Social, concluindo que é necessária a construção de uma terceira via[164] onde os Direitos Humanos em suas três dimensões sejam integralmente aplicados, compatibilizando a primeira dimensão, as liberdades ditas negativas — liberdades objetivas e subjetivas decorrentes do Direito de Propriedade, fundamento da ordem capitalista traduzido no direito à propriedade, conforme Sayeg,

> (...) a globalização econômica é capitalista e juridicamente ordenada, assim como a Inglaterra, que nem sequer positivou sua Constituição, ou os Estados Unidos da América, cuja Constituição reconhece a propriedade sem positivá-la diretamente, conforme já destacado;[165]

os direitos humanos de segunda dimensão, as liberdades positivas do homem, representadas pela esfera de um direito econômico, social e cultural, ainda na esteira de Sayeg,

> os direitos humanos de segunda dimensão são os estruturantes do exercício dos direitos de primeira dimensão;[166]

e, finalmente, a terceira dimensão, que são os direitos difusos, que atingem todos os seres humanos, consubstanciados na proteção, preserva-

---

162 Assim como a Teoria do conhecimento procura partir do fenômeno conhecimento, e a Teoria da arte do fenômeno "arte", a Teoria dos Valores parte do fenômeno "valor": fenômeno e, como é sabido, tudo aquilo que nos é imediatamente dado. Todo o valor nos é, porém, dado precisamente na nossa "consciência dos valores", na vivência que deles temos; ou melhor, de uma maneira mais geral, nessa particular forma de vida que é a vida do valioso (*Wertleben*). Uma reflexão sobre este fenômeno é o mesmo que uma reflexão sobre este lado da vida. Emprego aqui intencionalmente esta expressão: "vida dos valores", do valioso. (HESSEN, Johannes. *Filosofia dos Valores*, p. 39).
163 MIRANDA, Pontes. *Tratado de Direito Privado*.
164 Não a 3ª via preconizada por Tony Blair e Bill Clinton, que não passou de uma cosmética no capitalismo financeiro.
165 SAYEG, Ricardo Hasson; BALERA, Wagner. *Op. Cit.*, p. 197.
166 Idem, p. 198.

ção e evolução do gênero humano, ou seja, a compatibilização entre o Direito à Propriedade, a função social desta e a paz social, conforme ultima em sua obra o já citado Sayeg:

> São os que interessam ao homem todo e a todos os homens, bem como ao próprio Planeta, independente dos direitos de primeira dimensão e de sua estruturação pelos de segunda dimensão. Em síntese, referem-se aos direitos de proteção, preservação e evolução da Terra e do próprio gênero humano. A partir deles se torna imanente a titularidade de direitos humanos pelo Planeta.[167]

O fundamental, como já verificado, é que essa diversidade de conceitos se articula no plano da experiência humana, não estando acoplada a uma visão unificada do Direito que levaria à estabilização e à segurança jurídica, com vistas a prestigiar os valores substanciais teóricos e formais — tais como Nação e Estado — e constituindo um inafastável ponto de apoio para a compreensão do fenômeno jurídico da Soberania. Portanto, podemos concluir, em síntese, que a globalização corresponde ao fenômeno de desarticulação do poder político e econômico, sendo que este último se descola gradualmente do Estado interventor e pós--keynesiano em direção a um Estado de cunho "neoliberal", não interventor na atividade econômica, liberalizante do fluxo de capitais e do investimento estrangeiro direto. Refletindo sobre essa questão, Touraine conclui:

> A esta questão é preciso dar uma resposta clara: jamais, desde a 2ª Guerra, houve uma crise tão grave. O sistema econômico sob o qual vivemos, há muito tempo, tem como base a seguinte ideia: concentram--se os recursos nas mãos de uma elite dirigente que deve se voltar para a sociedade, mas, para que a coisa funcione, é preciso ter mecanismos de reequilíbrio e regulação. Porém, o que temos visto do pós-guerra para cá, principalmente em função do desenvolvimento rápido das novas tecnologias, é a ruptura entre essa elite econômico-financeira que se define por ela mesma e os apelos de uma grande massa da população por participar do crescimento da riqueza. Assistimos a uma separação crescente entre a organização econômica globalizada e os sistemas de reequilíbrio político e social, que se tornaram incapazes de

---

167 Idem.

atingir o patamar das decisões globais.[168]

Várias são as definições de globalização informadas pela economia, ciências sociais, política e filosofia. Todavia, não se encontra no plexo jurídico uma definição a enfrentar, que forneça os reais contornos desse instituto, sobretudo, porque essa fenomenologia, embora tenha profundos reflexos no campo da ciência jurídica, tem corte nitidamente econômico. Conforme o entendimento do Professor de Direito Constitucional da Universidade de Coimbra José Gomes Canotilho,[169] essa definição não se alcança nesse campo, ou por outra banda, pode-se correlacionar os fenômenos havidos à própria globalização do Direito, como é o caso do Constitucionalismo Global — proposta idealista que defende a criação de um Estado Constitucional Global —, ou do denominado constitucionalismo societário que regeria setores econômicos, como seria o caso da OMC (Organização Mundial do Comércio) espécie de "constituição do comércio", a ONU (Organização das Nações Unidas) "constituição dos estrados" e assim sucessivamente. Já em 1993 Canotilho predicava:

> Passada uma vintena de anos, os problemas que hoje se põem ao estudioso do direito constitucional e da ciência política são semelhantes, mas num contexto e espaço discursivos completamente outros. Em termos interrogativos: qual *o instrumentarium*, o corpus teórico e o discurso dos juspublicistas para captarem as transformações e deslocações do "espaço político" nestes últimos vinte anos? E com que "espírito", com que "alma", com que "fé", com que "pré-compreensão", eles enfrentam os desafios de uma época que se pretende não já moderna, mas sim pós-moderna? Terão chegado também ao campo do Direito Público, e, sobretudo, ao Direito Constitucional, novos "paradigmas", novas "modas" e novos "saberes"? Adiantando algumas indicações que, ao longo do curso, terão outros desenvolvimentos, salientar-se-á que as inquietações de um jurista constitucional obrigam uma abertura aos novos motes do direito e da política e à disputabilidade intersubjetiva desses novos motes. Em crise estão muitos dos "vocábulos

---

168 TOURAINE, Alain. Entrevista ao Caderno "Aliás". In: *O Estado de São Paulo*, 31 de janeiro de 2009.
169 Estas ponderações do Prof. Canotilho foram dadas em entrevista ao programa "Direito e Globalização", cuja cópia encontra-se à disposição, podendo também pode ser acessada no site IBCCRIM (www.ibccrim.org.br).

designantes" — "Constituição", "Estado", "Lei", "Democracia", "Direitos Humanos", "Soberania", "Nação" — que acompanharam, desde o início, a viagem do constitucionalismo. Começar o Curso por algumas dessas palavras viajantes significa não só apresentar aos alunos alguns dos *core terms* ("conceitos centrais") da nossa disciplina, mas, também, confrontá-los com os novos "arquétipos", os novos "discursos" e os novos "mitos" do universo político.[170]

É importante observar a correlação entre Estado-Nação, Soberania e Direitos Humanos procedida por Cristiane Derani:

> Mas não é menos verdade que o velho conceito de soberania — absoluta, indivisível, inalienável — como expressão e razão de ser dos Estados-Nação, instrumento que permitiu historicamente a fusão dos conceitos de poder e direito, merece revisão. Trata-se de formular e desenhar uma nova soberania, fundada em dois conceitos básicos: a capacidade de representação dos interesses dos governados e a legitimidade conferida às suas ações. No mundo globalizado, exercer a soberania significa um complexo exercício de meditação e cessões, do qual emerge um novo poder, onde território e população continuam desempenhando papel central.
>
> Finalmente, quanto aos direitos humanos, é preciso perceber os avanços e as perspectivas que os tempos globalizados oferecem. Não se trata de um caminho linear, único, determinado. Ao contrário, os riscos crescem com o esgarçar-se da soberania tradicional, enquanto a construção da cidadania global ainda é um desafio. Permanecem questões ainda abertas, como o papel da sociedade civil neste processo, o avanço do Direito Internacional dos Direitos Humanos, a universalização dos direitos contraposta à sua relativização, respeitando culturas e tradições. Mas no campo dos direitos humanos percebe-se também que o papel e a função dos Estados-Nação ainda é viva e presente.
>
> Soberania ainda que transformada, mas expressão de poder nacional; Estados-Nação revigorados; globalização em curso; direitos humanos em luta e discussão: eis um quadro dinâmico, em transformação permanente e contínua, essencial para a compreensão do mundo moderno.[171]

A construção do Estado mínimo trouxe implicações à ordem

---

170 CANOTILHO, J. J. Gomes. *Direito Constitucional.*
171 DERANI, Cristiane; COSTA, José Augusto Fontoura. *Globalização & Soberania.*

jurídica interna das soberanias. A construção desta nova forma jurídica, erradicando ou minimizando os direitos e garantias individuais, usurpando a regulação estatal, transmigrando o conceito de soberania para que numa nova ordem esta seja partilhada e exercida de acordo com os ditames de mercado, criando o Estado mínimo e despindo o cidadão de seus direitos, minimizando as garantias fundamentais da pessoa humana, nos leva a indagar, como fez o Professor de Paris X, André-Jean Arnaud: "que direito se abre diante de nós?" Vale observar as ponderações de Arnaud:

> Que será do direito no século que se abre diante de nós? São tantas as questões que convém considerar e avaliar em novos termos!
> Para fazê-lo, anteporei aqui as teses seguintes:
> 1º) que direito está realmente e direitamente relacionado ao processo da globalização, porque a globalização renova os princípios que fundam nossos direitos, dando um novo sentido a termos como, equidade, mercado, democracia, direitos humanos;
> 2º) que, por vias de consequência, o direito está prestes a evoluir de uma ordem "imposta" para uma ordem "negociada", a produção das normas jurídicas evoluindo de uma natureza autoritária para uma natureza "participativa";
> 3º) e, concluindo, que, quando se vai ao fundo das coisas, verifica-se que são as raízes do contrato social, que liga o povo a seus governantes, que devem ser reconsideradas; e que, enquanto isso não acontecer, nosso direito, nossa justiça e seus servidores, os profissionais do direito, permanecerão em crise.[172]

O assim denominado "Consenso de Washington" originou-se de uma reunião realizada em Washington, em novembro de 1989, entre funcionários do governo dos EUA, do FMI (Fundo Monetário Internacional), do Banco Mundial e do BID (Banco Interamericano de Desenvolvimento), intitulada *Latin American Adjustment: How Much Has Happened*", com o objetivo de "proceder a uma avaliação das reformas econômicas empreendidas nos países da região". Por trás dela, e dos motivos que levaram à sua realização, encontram-se o ideário consagrado nas administrações Reagan e Thatcher — iniciadas em meados dos anos

---

172 ARNAUD, André-Jean. *Globalização e Direito I – Impactos nacionais regionais e transnacionais*, pp. 3 e 4.

1980 — e a visão monetarista dos economistas formados pela Escola de Chicago.

A denominação "consenso" — concordância ou uniformidade de opiniões, pensamentos, sentimentos, crenças etc., da maioria ou da totalidade de membros de uma coletividade[173] — não foi adotada por acaso: a onda advinda daí repercutiu fortemente no pensamento político e econômico em todo o mundo, não somente na América Latina. Concepções tais como "Estado Mínimo" e "Fim da História" influenciaram toda uma geração de governantes e economistas. O Chile foi o precursor das medidas propostas pelo Consenso de Washington na América Latina, seguido pelo México e pela Argentina, que chegou ao ponto de estabelecer a paridade entre sua moeda e o dólar norte-americano, levada a cabo pelo plano engendrado pelo Ministro Domingo Cavallo.

A imprensa especializada e a voz uníssona dos economistas — liderada no Brasil pela figura emblemática do ex-ministro Roberto Campos — teciam loas aos resultados apresentados por esses países, que estariam seguindo o exemplo dos "Tigres Asiáticos". A *débacle* mexicana em meados dos anos 1990 e a crise argentina — que estourou dez anos após o início da implementação das medidas recomendadas pelo Consenso de Washington — não chegaram a criar uma fissura no edifício consolidado de tal ideologia, mas possibilitaram a reavaliação de alguns pressupostos, como a necessidade de um maior ajuste nos gastos públicos.

Diante da magnitude da crise financeira que assolou os Estados Unidos e a Europa em setembro de 2008, e cujas ramificações atingiram, como não poderia deixar de ser, o restante do globo, surgiu uma corrente de analistas agindo como arautos do fim do Consenso de Washington e da predominância do setor financeiro, tida como uma de suas consequências. Sob a rubrica de "neoliberalismo", as políticas públicas inspiradas pelo Consenso de Washington tiveram seus primeiros movimentos no Brasil no Governo Collor, no início dos anos 1990, com a abertura do país à importação de bens de consumo, na esteira do chamado Plano Collor.

O vocábulo "neoliberalismo", que pretende expressar uma nova investida do liberalismo econômico, se assenta sobre determinadas

---

173 *Dicionário HOUAISS de Língua Portuguesa.*

bases alçadas à categoria de verdadeiros cânones pelos defensores das medidas propugnadas pelo Consenso de Washington. Segundo o diplomata Paulo Roberto de Almeida, em resenha do livro *Depois do Consenso de Washington: crescimento e reforma na América Latina,* de Pedro-Pablo Kuczynski e John Williamson:

> O liberalismo econômico é, do ponto de vista teórico, uma doutrina com algumas tinturas de ideologia, fundamentando certa atitude dos atores sociais em relação ao mercado e ao papel do Estado na vida econômica, e, do ponto de vista prático, um conjunto de prescrições de política econômica cujos objetivos seriam, precisamente, retirar a mão pesada do Estado do jogo econômico e deixar que os mercados e a divisão internacional do trabalho encaminhem, ao melhor, soluções "racionais" aos complexos problemas colocados pela vida econômica das nações. [174]

Não obstante, a efetiva adoção de medidas concretas, no bojo de um Plano de Governo, somente veio a ocorrer com a chegada de Fernando Henrique Cardoso (FHC) ao Palácio do Planalto, guinado pelo êxito anti-inflacionário do Plano Real, que já trazia de forma embrionária as reformas exigidas pelo Consenso de Washington. Devidamente empossado na Presidência da República, Fernando Henrique Cardoso editou a Lei n.º 9.069, de 29 de junho de 1995 (fruto da conversão da Medida Provisória n.º 1027), que dispõe sobre o Plano Real e cujo artigo 3º reza que a emissão do real deve observar a prévia vinculação de reservas internacionais em valor equivalente, assim entendidas como os ativos de liquidez internacional, expressos em dólares norte-americanos.

Entre outras medidas, tendo por objetivo consolidar o fim da espiral inflacionária, a Lei n.º 9.069/95 atribuiu à Autoridade Monetária (Presidente do Banco Central do Brasil) a competência para estabelecer, consultado o Conselho Monetário Nacional, a programação monetária trimestral, que deveria conter as "estimativas das faixas de variação dos principais agregados monetários compatíveis com o objetivo de assegurar a estabilidade da moeda" (Artigo 6º, inciso I) e criou o denominado Fundo de Amortização da Dívida Mobiliária Federal, que tinha por objetivo amortizar a dívida mobiliária interna do Tesouro Nacional.

---

174 http://www.achegas.net/numero/doze/res_paulo_roberto_12.htm

Uma vez estancado o processo inflacionário, e estabelecidas as bases legais para resguardar a estabilidade da moeda, fazia-se necessária a implementação de uma série de medidas para alçar o Brasil à categoria dos países alinhados com o Consenso de Washington, tarefa iniciada no governo Fernando Collor, desenvolvida durante os anos da administração de Fernando Henrique Cardoso e gerenciada nos governos posteriores.

3.2.1 A crise do modelo

Até a derrocada gerada pela crise, por sua vez provocada pela falta absoluta de controle dos fluxos globais, essa resposta que poderia ser dada como o direito mínimo, ou preferencialmente para a *Law and Economics*, o custo-cidadão — suplantado pela onda de acontecimentos que se iniciou a partir da crise do mercado imobiliário norte-americano em 2008 e logo se espalhou pelo mundo: a autorregulação dos mercados fracassou exatamente por falta de marcos jurídicos regulatórios. O deslocamento do centro das decisões políticas das instituições republicanas para o comitê de investimentos, para o fundo de pensões, organizações internacionais e agências de *rating* atingiu outras formas de poder extraestatal, afastando a opinião pública dos centros decisórios que perderam o controle sobre aqueles impedindo o pleno exercício da cidadania — assim compreendido o poder/ dever de fiscalizar, acompanhar, discutir e participar das decisões políticas. Esse deslocamento contribuiu para a construção de uma falsa antinomia jurídica entre progresso e desenvolvimento humano, como se a garantia dos direitos fundamentais da pessoa humana existentes fosse um empecilho para o progresso da sociedade.

O divórcio entre a sociedade civil e a governança mundial operou nos operadores financeiros a crença no fundamentalismo do mercado. A acalentada figura do banqueiro, assentada no imaginário popular como um liberal — agente financiador da expansão capitalista como o foi Barão Rothschild — foi gradualmente substituída pela figura dos *yuppies* da década de 1980, os Mestres do Universo tão mesquinhamente retratados no romance *Fogueira das Vaidades*, de Tom Wolfe.

Com a argúcia que lhe é peculiar, Krugman tem observado o

desvio das funções do sistema financeiro que o colocam como centro da atividade capitalista, afirmando ironicamente: "*But today you don't have to look like a bank to be a bank*".[175] Há evidências de que tal desvio foi o responsável pela chamada "crise do *subprime*", na qual os elevados ganhos da banca internacional colocaram em risco a atividade produtiva, deslocando a pessoa humana do centro da modernidade para em seu lugar erigir a figura dos mercados como destinatário final da atividade econômica, e transferindo ao mercado um poder real, sem que este possua a menor legitimidade política para exercê-lo: trata-se de um poder que foi subtraído às populações, que ficam reféns de humores e relatórios estatísticos.

Para o mercado, o ser humano é mero "custo-cidadão". O direito à vida, a uma existência digna, saúde, proteção, enfim, os direitos humanos em todas as suas dimensões, ainda que pesem mais de duzentos anos de lenta e segura evolução desses institutos, tornaram-se uma miragem. No campo das relações trabalhistas, as mudanças ocorreram por duas razões distintas: a primeira, no campo da desregulamentação econômica, visou à mecanização dos processos produtivos e corte dos custos da mão-de-obra, via redução de benefícios sociais e previdenciários; a segunda, o acentuado fluxo migratório que levou milhões de pessoas a se deslocarem mundo afora, muitas vezes trabalhando sem a mínima garantia trabalhista e assim rebaixando igualmente os custos — um fenômeno observado da periferia para o centro do capitalismo, onde massas aviltam suas condições de vida em busca de uma oportunidade de emprego, e eis que os processos tecnológicos criaram o chamado desemprego estrutural.

No campo do Direito Sindical, registramos a observação de Arouca:

> Seria um fenômeno determinado pela economia, ou, mais apropriadamente, pelos países economicamente desenvolvidos, capitalistas, que priorizam a livre iniciativa, o lucro e a submissão daqueles que vivem no Segundo ou Terceiro Mundo às regras que traçam em favor de suas empresas que lhes dão sustentação para que se situem no Primeiro Mundo. Mas, como não podia deixar de ser, a globalização

---

175 Prêmio Nobel de Economia em 2008, autor de diversos livros e colunista do NY Times.

afetando decisivamente as relações de trabalho, encontrou, também, campo apropriado no Direito do Trabalho para a teorização.[176]

Essa crise, talvez a mais profunda ocorrida no sistema capitalista desde 1929, causou enormes rupturas na sociedade capitalista internacional, produzindo efeitos na órbita do direito que antes seriam inimagináveis: um jovem senador norte-americano, Barack Obama, a despeito de suas origens ancestrais, elegeu-se presidente dos Estados Unidos da América, tendo como base uma plataforma eleitoral nitidamente intervencionista. Foi uma tentativa de quase-regresso ao keynesianismo, pois propôs a reestruturação do setor de saúde para incluir mais de quarenta milhões de cidadãos norte-americanos não segurados, e, mais do que isso, buscou aprovar no sistema bicameral norte-americano uma legislação de controle do sistema financeiro visando uma reorganização dos mecanismos de supervisão do mercado, que abrangeria desde os créditos imobiliários até os chamados derivativos financeiros.

Sem dúvida, foi a proposta mais profunda de reformulação do sistema financeiro norte-americano desde os anos 1930. Havia ainda o projeto de revisar o papel do Federal Reserve, que atua na supervisão e controle das instituições financeiras, criando instrumentos de intervenção para encerrar ou desmembrar atividades que coloquem em risco a saúde do mercado. Todavia, o realismo político operou no sentido de afastar gradualmente o mandatário de suas propostas de campanha.

A globalização frise-se, não é um mal em si. O que a tornou um problema internacional foi a adoção de uma política de caráter nitidamente não-intervencionista e liberal, que permitiu a circulação dos fluxos de capitais mundo afora sem a adição de barreiras e cláusulas jurídicas de proteção ao cidadão, tornando-os reféns da especulação financeira. É bem verdade, diga-se, que anteriormente a essa crise houve alertas e propostas para o controle dos capitais que não foram levadas a sério. Uma delas partiu do próprio governo brasileiro no Fórum de Davos,[177] que propôs a criação de reservas internacionais com a tributação dos fluxos de capital e do movimento aéreo de passageiros. A proposta, por suposto, não era crível, haja vista a dificuldade estrutural para

---

176 AROUCA, José Carlos. *O Sindicato em um Mundo Globalizado*, p. 372.
177 http://www.weforum.org/en/index.htm.

criação e implementação de uma nova exação tributária internacional.

Uma questão a ser observada é que a globalização dos mercados se torna mais proeminente com o colapso do chamado campo socialista. O complexo bélico industrial norte-americano, pressionado pelas encomendas governamentais, criou uma disputa com as economias centralizadas. Para a economia capitalista, a competição foi salutar; no campo socialista foi fatal.

Em verdade, há duas dimensões a serem apreciadas neste momento: uma de natureza endógena, que atribui o colapso à incapacidade de gestão da economia centralizada, baseada em um sistema burocrático incapaz de satisfazer as necessidades mínimas de sua população, conforme o relato pormenorizado de Volkogonov;[178] outra, de natureza exógena, diante da internacionalização e interdependência dos mercados financeiros que submete economias precárias aos rigores da competição internacional, excluindo-as dos benefícios gerados pelo crescimento econômico traduzido no acirramento das disputas intersistêmicas.

A crise dos mercados financeiros atingiu indistintamente os países ao redor do globo. O fenômeno da interdependência e da autorregulação provocou uma exposição em maior ou menor grau dos agentes econômicos, com repercussão na esfera privada. Países mais ou menos submetidos à desregulamentação dos mercados sentiram os efeitos da recessão mundial, de acordo com as medidas tomadas para saneamento de suas economias. Dentro da sociedade internacional, o BRIC[179] buscou ser visto como mais do que uma mera abstração.

Embora a crise do *subprime* não tenha sido criada pelos países periféricos, estes sofreram seus efeitos em razão da alta exposição a que se submeteram, desregulando suas economias e afastando os marcos reguladores legais da sociedade. A transferência de parcela de sua soberania a entes não institucionais, a permissividade, tolerância e competição praticadas na tentativa de atrair o Investimento Direto Estrangeiro resultou numa economia fragilizada, cujos resultados ainda se fazem sentir.

---

178 VOLKOGONOV, Dmitri. *Os Setes Chefes do Império Soviético.*
179 Sigla que se refere ao Brasil, Rússia, Índia e China, formulada em 2001 pelo economista-chefe do Goldman Sachs em estudo relacionado a estes países.

Todavia, é de rigor acentuar que a transferência dos centros de poder a entidades descoladas do controle institucional da opinião pública foi um ato consentido. Simplesmente, e de acordo com a nova divisão internacional do trabalho, seguindo o Consenso de Washington, parcelas do poder estatal foram cedidas deliberadamente para outros centros, afastados do controle da opinião pública e dos meios de controle de informações.

Assim, embora a globalização não tenha operado nos mecanismos tradicionais de representação popular — o sufrágio universal, a representação através do voto, os sistemas de representação popular não sofreram alterações —, certo é que houve uma profunda mudança na compreensão do papel da política tradicional que pode ser creditada às demandas internas e específicas de cada país: foi o fim da era das ideologias transmudando o papel da representação política nos parlamentos, que migraram da esfera da disputa ideológica para a disputa de interesses privados.

O poder deixou de ser visto como uma forma de representação popular e construção de uma agenda social; agora, grupos econômicos disputam a arena política para a apropriação do público na esfera privada, e a consequência é a não-política, a não-ação militante e o descrédito das gerações mais jovens quanto à possibilidade de interferir e construir, através dos mecanismos de representatividade tradicional, um plexo normativo que atenda as demandas populares. Vale anotar a observação de Sidney Guerra:

> As atividades educacionais atingiram um certo grau de absurdo, em parte semelhante ao estado da sociedade descrito por George Orwell, em *1984*, quando 'A guerra é paz, a liberdade é escravidão, a ignorância é poder'. No mundo do absurdo totalitário orwelliano, existiam o Ministério da Verdade, que cuidava da falsificação da informação e da reescrita da História; o Ministério da Paz, que cuidava da guerra; O ministério do Amor, que recorria à tortura a fim de manter a segurança e ordem, e o Ministério da Cornucópia, cuja função consistia em esconder a fome. Não havia nesse mundo nada ilegal porque não havia leis. Em uma analogia distanciada com esse mundo, podemos imaginar que estamos mergulhados em algumas vivências

do absurdo.[180]

É a negativa da política aristotélica, onde o político se colocava a serviço da *polis* para representar os interesses públicos. A forma mais elevada da política cedeu lugar a interesses particulares e individuais, afastando completamente a noção de cidadania política, com raras exceções. A corrupção na política tornou-se pandemia mundial; a simplificação das abordagens políticas, a transformação da política em mera troca de favores, a sacralização da ignorância, o nivelamento por baixo das demandas sociais, a despolitização do relacionamento entre representantes e representados e a mistificação do demérito levam o eleitorado a crer que a ausência de qualidades num representante popular o torna um igual, daí as eleições se transformarem em um espetáculo midiático, destituído de qualquer significação política. Aliás, a política na segunda modernidade, por assim dizer, quer ser percebida desta forma, de modo a afastar o cidadão do exercício republicano permitindo o patrocínio de interesses econômicos, nem sempre condizentes com os altos desígnios das nações. É o fim da política, e o começo da não-política.

3.3 Implementação de medidas legais visando o ajuste estrutural no Brasil

A partir da administração Fernando Henrique Cardoso, iniciou-se o ajuste estrutural da economia, com o estabelecimento da disciplina fiscal no Estado Brasileiro através da edição da denominada Lei de Responsabilidade Fiscal (LRF), cujo fundamento constitucional é o Capítulo II (Das Finanças Públicas) do Título VI (Da Tributação e do Orçamento) da Constituição Federal de 1988. Assim é, que a Emenda Constitucional n.º 40/2003 modificou a redação do Artigo 163 da Constituição para incluir a obrigatoriedade de lei complementar para dispor sobre fiscalização financeira da administração pública direta e indireta. Já o Artigo 167 da Carta Magna, em seu inciso II, prevê a proibição de realização de despesas ou assunção de obrigações que ultrapassem os

---

180 GUERRA, Sidney. *Globalização – Desafios e Implicações para o Direito Internacional Contemporâneo*, p. 328.

créditos orçamentários, ao passo que o Artigo 169 estabelece que as despesas governamentais com pessoal não poderão ultrapassar os limites estabelecidos em lei complementar.

Com efeito, a LRF de 4 de maio de 2000, ou Lei Complementar n.º 101, destinada a estabelecer "normas de finanças públicas voltadas para a responsabilidade na gestão fiscal", pressupõe, nos termos do artigo 1º, § 1º, "a ação planejada e transparente, em que se previnem riscos e corrigem desvios capazes de afetar o equilíbrio das contas públicas, mediante o cumprimento de metas de resultados entre receitas e despesas e a obediência a limites e condições no que tange à renúncia de receita, geração de despesas com pessoal, seguridade social e outras, dívidas consolidadas e mobiliárias e operações de crédito, inclusive por antecipação de receita, concessão de garantia e inscrição em Restos a Pagar.

As prescrições da LRF obrigam, indistintamente, a União, os Estados, o Distrito Federal e os Municípios. A Lei de Responsabilidade Fiscal cuida de matéria atinente ao Planejamento (estipulando as disposições da Lei de Diretrizes Orçamentárias, por exemplo), à Receita Pública (arrecadação) e à Despesa Pública (estabelecendo formas de controle de gastos e despesas).

Também são tratados pela LRF assuntos relevantes como a Dívida Pública e o Endividamento, bem como os seus limites, o que é essencial. Por fim, a LRF estipula regras sobre a Gestão Patrimonial dos entes da Federação, e, mais importante, define as normas aplicáveis para a transparência, controle e fiscalização dos gastos públicos. A Lei Complementar nº 131, de 2009, incluiu na LRF o artigo 48 A, que obriga os entes da federação a disponibilizarem para qualquer pessoa física ou jurídica o pleno acesso a informações quanto às receitas e despesas públicas. Do mesmo modo, o artigo 49 estatui que as contas apresentadas pelos Chefes do Poder Executivo deverão ficar à disposição para consulta por cidadãos e instituições da sociedade.

Há prescrições na LRF para a Prestação de Contas por parte dos Chefes do Poder Executivo, bem como dos Presidentes dos órgãos do Poder Legislativo e Judiciário e do Chefe do Ministério Público, e para a Fiscalização da Gestão Fiscal a cargo do Poder Legislativo, com o auxílio dos Tribunais de Contas e do Ministério Público.

A Lei de Responsabilidade Fiscal, portanto, atende a um dos

principais pontos definidos pelo Consenso de Washington, que é, repita-se, a disciplina fiscal, cuidando para que o Estado não realize despesas maiores do que suas receitas.

3.3.1 Educação, saúde e infraestrutura

O Governo Brasileiro teve também que envidar esforços no sentido de empregar recursos públicos para atender às demandas da educação, saúde e infraestrutura. Desta forma, e à guisa de exemplo, a Emenda Constitucional n.º 42/2003 permitiu a vinculação da receita de determinados impostos para garantir recursos "para as ações e serviços públicos de saúde, para manutenção e desenvolvimento do ensino e para realização de atividades da administração tributária".

No campo da saúde, por exemplo, a Emenda Constitucional n.º 29/2000 tornou obrigatória aos entes da Federação (União, Estados, Distrito Federal e Municípios) a alocação de recursos mínimos para ações destinadas à saúde, bem como para os serviços públicos a ela atinentes. Já no campo da educação, as Emendas Constitucionais n.º 11 e 14, de 1996, e a Emenda Constitucional n.º 53, de 2006, inovaram ao obrigar o Estado Brasileiro a prover o ensino fundamental obrigatório e gratuito e a progressiva universalização do ensino médio gratuito, além de estimular a valorização dos profissionais de educação e o estabelecimento da obrigatoriedade da fixação de pisos salariais para os professores da rede pública.

Também foi assegurado às universidades públicas e privadas o direito à contratação de professores, técnicos e cientistas estrangeiros, medida essencial para a propagação e aprofundamento do conhecimento em favor do estudante brasileiro. A Lei de Diretrizes e Bases da Educação (Lei nº 9.394, de 20 de dezembro de 1996) representa um esforço do Estado Brasileiro para incrementar a educação em território nacional. A lei parte do pressuposto de que a educação é dever da família e do Estado; e funda-se em alguns princípios, entre os quais podemos destacar a igualdade de condições de acesso à escola, a liberdade de aprender, ensinar e pesquisar e o pluralismo de ideias e concepções pedagógicas, além da gratuidade do ensino público. Há um capítulo específico sobre o ensino profissional e tecnológico, voltado à qualificação profissional e à inserção no mercado de trabalho, bem como um título específico sobre o custeio da educação pública, com recursos oriundos da receita de impostos, salário-educação, contribuições sociais e incentivos fiscais.

No que diz respeito ao incentivo e investimento em infraestrutura, devemos destacar os programas de modernização de portos e aeroportos instituídos no Governo FHC, essenciais para o incremento das atividades comerciais, um dos principais objetivos do Consenso de Washington. Mesmo assim, esse campo mereceu menos atenção do que sua importância estratégica exigia. Nunca é demais relembrar que a falta de investimentos em infraestrutura conduziu à crise energética de 2001, o chamado "apagão elétrico", que acarretou grandes perdas para os setores público e privado.

3.3.2 Reforma Tributária

Outra proposição do Consenso de Washington, parcialmente contemplada pelas recentes reformas constitucionais realizadas em fins do Governo FHC e início do Governo Lula, diz respeito à Reforma Tributária, incrementando a arrecadação dos impostos indiretos (notadamente o ICMS — Imposto sobre Circulação de Mercadorias e Prestação de Serviços) e desonerando o contribuinte em relação aos impostos diretos e contribuições sociais. Assim é que a Emenda Constitucional n.º 33 de 2001 ampliou a base de incidência do ICMS para alcançar bens, mercadorias e serviços importados ou prestados no exterior por pessoa física ou jurídica.

Por outro lado — e como medida tendente a incentivar as exportações brasileiras — a Emenda Constitucional n.º 42 de 2003 estabeleceu que o ICMS não incidiria "sobre operações que destinem mercadorias para o exterior, nem sobre serviços prestados a destinatários no exterior (...)". Os efeitos da Reforma Tributária — considerada tímida, até a presente data — também se fizeram sentir no plano da legislação tributária infraconstitucional. As Leis Ordinárias n.º 10.637, de 2002, e 10.833, de 2003, eliminaram o efeito cascata da Contribuição para o PIS/PASEP e da Contribuição para Financiamento da Seguridade Social — COFINS —, através da introdução da sistemática de incidência não cumulativa na forma de cobrança das referidas contribuições.

Para a apuração do valor devido a título de Contribuição ao PIS e da COFINS, o contribuinte pode excluir do faturamento diversos valores, tais como o IPI e o ICMS das receitas não operacionais advindas da venda de bens do ativo permanente, entre outras. Com tais medidas, o Estado Brasileiro logrou desonerar o contribuinte de parte da pesadíssima carga fiscal que ainda incide sobre seus ombros.

3.3.3 Liberalização Financeira

A liberalização financeira, remédio fortemente recomendado pelo Consenso de Washington — conferindo igualdade de condições para a atuação de instituições financeiras nacionais e estrangeiras —, também foi adotada pelo Brasil. Note-se, contudo, que o sistema financeiro nacional é dotado de forte regulamentação (e a fiscalização que lhe serve de suporte); isso evitou que o país fosse afetado de forma ainda mais intensa pelos efeitos deletérios da crise mundial de setembro de 2008, deflagrada no primeiro time dos países capitalistas e industrializados.

Grandes instituições financeiras internacionais (notadamente, bancos comerciais) se estabeleceram no país a partir da aquisição de bancos brasileiros. O gigante britânico HSBC adquiriu o Bamerindus e, desde então, expandiu de forma significativa suas operações no território nacional. O caso mais emblemático talvez seja a aquisição do Banco do Estado de São Paulo — BANESPA — pelo grupo espanhol Santander, que recentemente também adquiriu o Banco Real, outrora comprado pelo holandês ABN-AMRO.

O BANESPA está intimamente ligado à história do desenvolvimento industrial do Estado de São Paulo — um símbolo da pujança econômica dos paulistas. Sua compra por um banco estrangeiro é um sintoma indiscutível da internacionalização do sistema financeiro do Brasil. O regramento constitucional do Sistema Financeiro Nacional foi fortemente alterado pela Emenda Constitucional n.º 40 de 2003, que modificou a redação do outrora polêmico artigo 192 da Carta Magna, privado de todos seus parágrafos, incisos e alíneas.

O ponto mais sensível para o presente trabalho reside na elocução do Artigo 192, que estabelece que o Sistema Financeiro Nacional será arquitetado e regulamentado por leis complementares, que deverão dispor sobre a participação do capital estrangeiro nas instituições dele integrantes.

3.3.4 Taxa de Câmbio

Os idealizadores do Consenso de Washington também preconizam que a taxa de câmbio dos países deve ser competitiva. Hoje, no Brasil, vigora o sistema conhecido como *taxa de câmbio flutuante*, tido como um dos pilares de sustentação da política econômica do Governo Lula, que, de resto, é mera continuação da inaugurada por seu antecessor. No entanto, nem sempre foi assim.

O país, segundo a opinião de vários economistas de peso — Luiz Carlos Bresser-Pereira, Pérsio Arida, José Serra e Paulo Renato de Souza, entre outros —, que se contrapunham à escola da PUC do Rio de Janeiro (preponderante na equipe econômica do Governo FHC), flertava com o perigo ao manter o câmbio valorizado. Esta política — por muitos tida como populista e irresponsável — foi mantida até janeiro de 1999, quando espocou a primeira grande crise cambial após a entrada em cena do Plano Real. Segundo Luiz Carlos Bresser-Pereira:

> O câmbio valorizado leva ao aumento do consumo e à diminuição da poupança interna, e, afinal, ao desequilíbrio e à crise de balanço de pagamentos; a alta taxa real de juros dificulta os investimentos, promove o desequilíbrio fiscal, e acaba em crise financeira, quando os credores se dão conta de que as altas taxas de juros, ao invés de sinal de austeridade monetária, estão ameaçando a capacidade de o Estado honrar sua dívida interna. Tudo isto, porém, foi ignorado, e a equipe econômica liderada pelo Ministro Pedro Malan manteve o câmbio gravemente sobrevalorizado e a taxa de juros artificialmente alta entre 1995 e 1998.
>
> Em janeiro de 1999, depois de uma longa luta interna dentro do governo, o Presidente da República, contrariando seu ministro da Fazenda, decidiu deixar flutuar o câmbio. A decisão corajosa revelou-se sábia. Depois de uma necessária elevação da taxa de juros, esta começou a ser sistematicamente reduzida pelo novo presidente do Banco

Central.[181]

O sistema de taxa de câmbio flutuante permite a manutenção de um nível satisfatório de exportações — o que é muito importante para a fixação do superávit comercial: tem garantido ao Brasil estabilidade cambial e um fluxo crescente de comércio internacional —, protegendo o país dos percalços como os ocorridos na crise argentina de 2001, e, um ano mais tarde, devido ao temor provocado pelo chamado "fator Lula" de incerteza política.

3.3.5 Liberalização do Comércio Exterior

Para muitos, a pedra de toque do Consenso de Washington é a liberalização do comércio exterior, reduzindo-se as alíquotas do imposto de importação e ampliando-se as exportações, tendo como meta final inserir a economia no mundo globalizado. A Constituição da República, desde o seu advento em outubro de 1988, já permitia ao Poder Executivo fixar livremente as alíquotas dos impostos de importação e exportação, a fim de adequá-las às necessidades da balança comercial brasileira.

Logo, a maior liberdade no campo do comércio exterior, ao contrário de outros tópicos aqui analisados, não demandou a realização de reformas constitucionais. Tratou-se — como, de fato, ainda se trata — de uma questão de Política de Comércio Exterior. Os primeiros passos rumo à liberalização comercial foram trilhados ainda no Governo Collor, que deu início à chamada "abertura comercial" depois de décadas de protecionismo e reserva de mercado. No entanto, as políticas públicas de maior impacto ao fomento da atividade de comércio exterior verificaram-se no Governo Fernando Henrique Cardoso.

Nesse sentido, o Governo FHC, em seus primórdios, criou a denominada Câmara de Comércio Exterior (CCE), destinada à maturação de políticas a serem implementadas nessa área. Além disso, criou novos

---

181 BRESSER-PEREIRA, Luiz Carlos. "O Segundo Consenso de Washington e a Quase-Estagnação da Economia Brasileira". In: *Revista de Economia Política*, vol. 23, nº 3 (91) julho-setembro de 2003.

departamentos no âmbito da Secretaria de Comércio Exterior, a saber:
I) o Departamento de Defesa Comercial (DECOM); II) o Departamento de Negociações Internacionais; III) o Departamento de Operações de Comércio Exterior (DECEX); e IV) o Departamento de Políticas de Comércio Exterior. Os novos órgãos serviriam como instrumentos de aplicação efetiva das políticas governamentais voltadas à área. No que concerne às importações, a liberalização do comércio exterior propriamente dita teve início antes mesmo da posse do Presidente Fernando Henrique, com um programa de redução tarifária gradual. Tais alterações de alíquotas também tiveram como finalidade o estabelecimento da chamada Tarifa Externa Comum — TEC — do MERCOSUL.

É certo que a proteção de determinados produtos nacionais mantém normalmente uma alíquota mais elevada do imposto de importação, por conta da concorrência direta com produtos estrangeiros, notadamente os provenientes da China. O Governo também pode lançar mão, como, aliás, já fez, de impor cotas de importação para determinados produtos oriundos de alguns países. O caso chinês é sempre lembrado, notadamente no campo da indústria têxtil, cujos preços, se livremente aceitos pelas autoridades brasileiras, poderiam levar à insolvência a indústria nacional.

Para esses casos, episódicos e de interesse estratégico para a indústria nacional, o Governo Brasileiro estabeleceu o denominado "Acordo de Salvaguardas", regulamentado pelo Decreto n.º 1.488, de 11 de maio de 1995. Além do Acordo, o Brasil também pode se valer de outros mecanismos de defesa de seus produtos, como o estabelecimento de barreiras não alfandegárias, a utilização da legislação antidumping (Lei n.º 9.019/95) e a legislação antissubsídios (Decreto n.º 1.751, de 19/12/1995), esta última ordinariamente utilizada no caso de produtos agropecuários.

No que concerne às exportações, e visando seu incremento — essencial para alcançar o almejado superávit comercial —, as políticas públicas se voltaram para determinados gargalos considerados críticos pelos especialistas, tais como a tributação, o financiamento à exportação (estabelecimento de linhas de crédito para o comércio exterior) e a promoção dos produtos brasileiros. As políticas públicas de fomento buscaram como objetivo, em breve síntese, obter a redução do chamado

"Custo Brasil".

Em fins de 1997, o Instituto de Pesquisa Econômica Aplicada — IPEA — publicou um estudo intitulado "As Políticas Industrial e de Comércio Exterior no Brasil – Rumos e Indefinições" da autoria de Regis Bonelli, Pedro da Motta Veiga e Adriana Fernandes de Brito, que apresenta algumas conclusões bastante importantes, mostrando resultados ainda no primeiro Governo FHC, quando se buscava a consolidação do programa de estabilização da moeda e da economia nacionais, mas já se entrevia o objetivo precípuo de favorecer o comércio exterior o mais amplamente possível, atendendo, contudo, às pressões da indústria nacional para evitar a concorrência danosa com produtos importados:

> As discussões sobre os rumos da ação governamental quanto às políticas industrial e de comércio exterior no Brasil partem do fato de que a prioridade absoluta em termos de política econômica ainda está, em meados de 1997, focada na política de estabilização. Isso não significa, obviamente, unanimidade de pensamento e decisão no interior do governo. O discurso oficial (e a prática) em matéria de política industrial e de comércio exterior é único apenas na medida em que os ministérios relevantes justificam as medidas recentes em nome da necessidade de equilíbrio na balança comercial e da manutenção de empregos nos setores da indústria mais afetados pela abertura comercial. No dia-a-dia da condução da política econômica, no entanto, não é difícil perceber que existem divergências quanto ao grau de proteção necessário, que setores proteger, qual o papel a ser atribuído à política cambial e qual atribuir a instrumentos financeiros como a política de crédito (sob o controle do Banco Central e, em parte, do Banco do Brasil, ambos na órbita da Fazenda) e de financiamento do BNDES (no âmbito do Ministério do Planejamento e Orçamento). O resultado tem sido a adoção de medidas *ad hoc*.
>
> O conjunto de medidas que, sem dúvida, teve maior impacto sobre o desempenho continua a ser a liberalização comercial e financeira. Seus efeitos continuam a se fazer sentir até hoje, sendo difícil afirmar quando se esgotarão totalmente. A principal prova dessa conclusão, em termos de políticas industrial e de comércio exterior, são os esforços setorialmente localizados de proteção contra a penetração das importações, julgada excessiva e danosa à competição por representantes de segmentos da indústria. A resposta do MICT tem sido pelo atendimento das pressões.
>
> Pensando a mais longo prazo, porém, um programa de liberalização comercial e financeira tem objetivos de longa maturação na

medida em que a redução da proteção aproxime o conjunto de preços relativos domésticos dos internacionais , modificando a alocação de recursos no longo prazo em direção aos bens comercializáveis onde a produção se mostra mais eficiente.[182]

3.3.6 Capital Estrangeiro

O capital estrangeiro (e sua mobilidade) também é foco relevante de atenção do Consenso de Washington. Em nosso ordenamento jurídico constitucional, vige o imperativo da liberdade do exercício de qualquer atividade econômica (Artigo 170, parágrafo único). Nesta linha de entendimento, a Carta Constitucional remete à lei a disciplina dos investimentos de capital estrangeiro, de modo a incentivar os reinvestimentos e regular a remessa de lucros (artigo 172).

O investimento de capital estrangeiro, nos termos da legislação vigente, é perfeitamente lícito e muito bem-vindo, bastando haver registro em moeda nacional do investimento feito em pessoas jurídicas no Brasil perante o Banco Central do Brasil, que deverá divulgar os dados constantes desse registro (Artigo 5º da Lei Federal n.º 11.371, de 28 de novembro de 2006).

3.3.7 Privatização de Empresas Estatais

A privatização de empresas estatais talvez tenha sido o passo mais significativo dado pelo país rumo ao Consenso de Washington. Criado no início do Governo Collor pela Lei nº 8.031 de 12 de abril de 1990, o Programa Nacional de Desestatização cumpriu seu desiderato, tal como fora proposto. O IPEA — Instituto de Pesquisa Econômica Aplicada do Ministério do Planejamento e Orçamento — publicou em maio de 1996, durante a gestão de José Serra, um estudo intitulado "O Processo de Privatização das Empresas Estatais Brasileiras" de autoria de José Coelho Matos Filho e Carlos Wagner de A. Oliveira, onde é assinalado que:

---

182 http://www.ipea.gov.br/pub/td/td0527.pdf

Seguindo as tendências mundiais de globalização da economia e de eliminação de barreiras à produção, o Brasil busca inserir-se nesse processo de transformação por meio da promoção do desenvolvimento via descentralização, flexibilização, desburocratização e reorientação das atividades do setor público. É nesse contexto que se situa o Programa Nacional de Desestatização (PND) brasileiro.

A necessidade de privatizar empresas públicas decorre da crescente demanda da sociedade por programas de bem-estar e da exagerada importância dada ao Estado, no passado, como balizador do processo de desenvolvimento, o que exigiu receitas fiscais cada vez maiores. Some-se a isso a estrutura extremamente sobrecarregada do setor público brasileiro, com um passivo estimado em algo como R$ 200 bilhões. Além do mais, a escassez de recursos e a má administração das empresas públicas, em decorrência da utilização de técnicas gerenciais ultrapassadas ou desconexas e de administrações de cunho político, impõem-lhes um ritmo de gestão pouco eficiente e com baixo nível de produtividade.[183]

Tratava-se, portanto, de um imperativo, com o objetivo não somente de desonerar o Estado Brasileiro como incrementar a economia com a colocação no mercado de empresas saneadas e dotadas de investimento privado. Dessa forma, entre outras, foram privatizadas empresas estagnadas (como a Companhia Siderúrgica Nacional) e outras dinâmicas e lucrativas (como a Companhia Vale do Rio Doce), para não falar do setor de telecomunicações, que experimentou uma expansão extraordinária.

3.3.8 Flexibilização da Legislação Trabalhista

O único tópico do Consenso de Washington que, embora perseguido, não foi concretizado no Brasil, diz respeito à flexibilização da legislação trabalhista. Com efeito, não foram poucas as tentativas empreendidas no sentido de colocar sob a égide do direito privado e da autonomia das vontades determinadas questões atinentes às relações e ao contrato de trabalho.

Todavia, por injunções de ordem política e social, acabou por

---

183 http://www.ipea.gov.br/portal/index.php?option=com_content&view=article&id=3590&Itemid=2

prevalecer a manutenção do edifício legislativo da Consolidação das Leis do Trabalho, editada durante a ditadura do Estado Novo e baseada na legislação trabalhista da Itália sob Mussolini.

3.3.9 A Propriedade Intelectual

Por fim, o último item listado no Consenso de Washington, a propriedade intelectual, conheceu um avanço representativo entre os anos de 1996 — com a legislação sobre propriedade industrial, marcas e patentes (Lei n.º 9.279, de 14 de maio de 1996) — e 1998 — com a atualização da legislação sobre direitos autorais (Lei n.º 9.610 de 19 de fevereiro de 1998) —, além da edição de uma lei específica para a proteção dos direitos intelectuais sobre programas de computador (Lei n.º 9.609, de 19 de fevereiro de 1998).

Capítulo IV

A Constituição Federal de 1988 e a soberania

As disposições constitucionais brasileiras[184] consagram no caput do Artigo 1º os princípios da Federação e da República, e já em seu inciso primeiro afirmam o primado da soberania. Dessa forma, o legislador Constitucional recepcionou a soberania na ordem interna, como um dos princípios republicanos a ser transcrito. Esse elemento não esgota, no entanto, o problema da soberania estatal, e constitui mesmo sua parte formal ou discursiva. Repelida pela forma oca e vazia, sua persistência decorre apenas na medida de sua utilidade como meta-princípio, portanto e enquanto ligada a algum conteúdo jurídico. Veja-se o citado artigo:

> **Art. 1º** A República Federativa do Brasil, formada pela união indissolúvel dos Estados e Municípios e do Distrito Federal, constitui-se em Estado Democrático de Direito e tem como fundamentos:
>
> I - a soberania
> II - ...

A rigor, tal condição — *soberania* — é intrínseca à forma do Estado brasileiro, estando albergada no inciso primeiro de seu artigo vestibular, o que indica a importância do instituto jurídico, por dar forma e conteúdo aos princípios basilares da Democracia e da forma Republicana do Estado na Constituição Federal Brasileira, organizando o processo político nacional. Integra o rol de princípios infraconstitucionais, delineando a forma democrática e republicana do Estado brasileiro, afirmando como um de seus predicados, talvez o mais importante, o da

---

184 Constituição da República Federativa do Brasil/1988.

soberania. Essas circunstâncias, intrínsecas aos princípios Republicano e Democrático, constituem exatamente as nuances que a conformam, condicionando o seu exercício.

Neste sentido, servimo-nos da lição de Paulo de Barros Carvalho:

> Demoremo-nos, porém, num ponto, a despeito de apresentarem-se no mesmo Diploma e, portanto, serem normas de formulação do sentido completo normativo. E os postulados da Federação e da República exercem no direito positivo brasileiro função determinante. Tal conclusão se depura de vários fatores: (I) na atual Constituição esses princípios se manifestam expressamente representados no art. 1º, marca do início do ordenamento jurídico vigente; (II) além disso, por diversas vezes, repete-se o preceito em outras formulações normativas, explícita ou implicitamente; e, por fim (III) encontra-se a forma federativa de Estado, garantida entre as cláusulas pétreas do art. 60, § 4º, da CR/88 não sendo, portanto, objeto de emenda constitucional.[185]

Portanto, a própria ideia de soberania como organização do Estado empresta previsibilidade e segurança jurídica. Se assim não for, ou seja, obedecendo a uma escala determinada de valores, prevalecerá o arbítrio e a desordem. Esse princípio, todavia, encontra-se afetado por um mundo em transição. Não se trata apenas de ordenar, mas também de disciplinar o poder evitando o risco de conduzir à desordem, como nota distintiva essencial da soberania em face da administração.

4.1 Evolução Constitucional

Em capítulos anteriores, observamos em lenta evolução o significado que este instituto teve ao longo de seu curso. Em uma primeira fase, ou seja, a da fundação do Estado mercantilista a partir da Revolução de Avis, na qual havia uma concentração de poderes na mão do monarca absoluto, há um nítido caráter político da mesma. Com a evolução do capitalismo, e sua transição de mercantilista para industrial, irá, finalmente, atingir a fase superior do imperialismo. No plano

---

185 CARVALHO, Paulo de Barros. *Op. Cit.*, p. 275.

internacional, seu traço principal é uma absoluta autonomia em relação a outros agentes da sociedade externa. Os contornos foram dados por Bodin e aperfeiçoados ao longo dos séculos.

Em uma segunda fase, para fins puramente didáticos, demarcaremos como a Constituição de Weimar adquire uma feição nitidamente jurídica. As diferentes Cartas Constitucionais passam a incorporar os direitos sociais e econômicos, para, no pós-guerra, incorporar os denominados humanos em suas diversas dimensões. Nesse diapasão, vale anotar as observações do Min. Gilmar Mendes em estudos de Direito Constitucional, que, ao enfrentar o tema, menciona:

> Na sua concepção tradicional, os direitos fundamentais são direitos de defesa (*Abwehrrechte*), destinados a proteger determinadas posições subjetivas contra a intervenção do Poder Público, seja pelo (a) não impedimento da prática de determinado ato, seja pela (b) não intervenção em situações subjetivas ou pela não eliminação de posições jurídicas.
>
> Nessa dimensão, os direitos fundamentais contêm disposições definidoras de uma competência negativa do Poder Público (*negativ Kompetenzbestimmung*), que fica obrigado, assim, a respeitar o núcleo de liberdade constitucionalmente assegurado.
>
> Outras normas consagram direitos a prestações de índole positiva (*Leistungsrechte*), que tanto podem referir-se a prestações fáticas de índole positiva (*faktische positiv Handlungen*) quanto a prestações normativas de índole positiva (*normativ Handlungen*).[186]

Assim, temos o fenômeno da constitucionalização dos direitos fundamentais a garantir aos administrados a segurança do mínimo essencial: é a afirmação dos direitos dos administrados, cuja garantia reside na norma fundamental do país. No caso brasileiro, a Constituição Federal de 1988 era então chamada, pelo Presidente do Congresso Nacional, Dep. Ulisses Guimarães, de Constituição cidadã, à vista do progresso no campo dos direitos econômicos e sociais que foram incorporados no Texto Magno. Neste sentido, registra-se a apreciação de José Afonso da Silva sobre a constitucionalização de ordem econômica na Constituição Federal de 1988:

---

186 MENDES, Gilmar Ferreira. *Direitos Fundamentais e Controle de Constitucionalidade.*

A ordem econômica adquiriu dimensão jurídica a partir do momento em que as constituições passaram a discipliná-la sistematicamente, o que teve início com a Constituição mexicana de 1917. No Brasil, a Constituição de 1934 foi a primeira a consignar princípios e normas sobre a ordem econômica, sob a influência da Constituição alemã de Weimar. Isso não quer dizer que, nessa disciplina, se colhe necessariamente um 'sopro de socialização'. Não, aqui, como no mundo ocidental em geral, a ordem econômica consubstanciada na Constituição não é senão uma forma econômica capitalista, porque ela se apoia inteiramente na apropriação privada dos meios de produção e na iniciativa privada (art. 170).

(...)

A atuação do Estado, assim, não é nada menos do que uma tentativa de pôr ordem na vida econômica e social, de arrumar a desordem que provinha do liberalismo.[187]

Lembramos que o país emergia de uma ditadura de corte fascista, que suprimiu as garantias mínimas do cidadão com a criação de instrumentos de exceção — como foi o caso do famigerado Ato Institucional n° 5 e do Dec. 477, que condenaram toda e qualquer expressão de oposição política ao regime militar. Não fosse bastante, o regime militar possuía instrumentos que agiam à margem de qualquer parâmetro legal, mas destes fatos já cuida a história.

Uma terceira fase inicia-se com o desmanche do Estado do bem-estar social, e pode ser situada nos primórdios de um novo ciclo de globalização, a partir da década de 1970. A questão pode ser abordada a partir de duas percepções distintas: A) um discurso econômico, cujo viés era o desmanche dos direitos fundamentais conforme acima; a Constituição Federal de 1988, embora recente, sofre inúmeras alterações em seu corpo, conforme examinado no presente trabalho, medidas visando à desregulamentação do Estado brasileiro, objetivando a liberdade de fluxo nos mercados financeiros, a privatização do Estado e a completa liberalização da economia brasileira; sob a alegação da modernização e do mantra "crescimento econômico", toda uma gama de direitos sociais e econômicos sofreram uma desregulamentação; B) um discurso político, cujo viés era a subtração do conteúdo do instituto da soberania com vistas à transferência de decisões fundamentais na condução

---

187 SILVA, José Afonso da. *Curso de Direito Constitucional Positivo*, p. 786.

dos interesses nacionais e particulares para centros difusos e de difícil percepção da opinião pública; sob a consigna da liberalização do comércio mundial, e.g. a poderosa Organização Mundial do Comércio,[188] que assume em seus diversos comitês técnicos decisões que conflitam com interesses das populações afetadas e nações soberanas envolvidas: é o Império do Mercado, que passa a ditar os interesses na agenda internacional conformando um autêntico ente soberano, muito embora não se consiga ter a percepção do que venha a ser "mercado".

O problema se agrava porque o mercado é mera retórica — não é uma instituição com contornos jurídicos e nem tem um comando central. Busca, única e exclusivamente, aumentar seus ganhos produzindo uma riqueza virtual, baseada em papéis que alguns denominam *subprime* e outros, derivativos. No mundo multipolar que se conforma, as agendas nacionais são decididas com base em parâmetros do mercado. E que fique claro, a soberania, ou seja, o poder decisório de cada país, não foi subtraída como em uma guerra; ao contrário, as alianças entre setores econômicos nacionais e internacionais foram ato consentido. O crescimento econômico e, por acréscimo, o ingresso no primeiro mundo, era um sonho acalentado, cujo discurso as populações dos países periféricos de pronto adotaram.

Os ganhos marginais não corresponderam às expectativas havidas. Conforme relatórios do Banco Mundial,[189] houve uma expressiva concentração de renda. O setor que mais se beneficiou nesse processo foi o financeiro internacional, em detrimento das populações de países que passaram a enfrentar crises sistêmicas.

Nisso podemos incluir o crime organizado, que atingiu proporções planetárias. O narcotráfico passou a ocupar um espaço gigantesco, corrompendo os poderes do Estado, se infiltrando nos poderes republicanos e destruindo a democracia. Muitos países sofrem em maior ou menor grau dessas mazelas, como é o caso da Colômbia, do Brasil e da Nigéria, para ficarmos no óbvio.

Em relação à saúde, o Estado transferiu à iniciativa privada a gestão dos recursos básicos, bem como a previdência social. A educação se tornou um artigo de consumo vendido ao baixo preço da necessida-

---

188 http://www.wto.org/
189 http://www.worldbank.org/

de, não sendo importante a qualidade da mesma. Governos se movem com base em estatísticas, nas quais se afirma a universalização do acesso obliterando a qualidade deste.

Todavia, os recentes acontecimentos têm demonstrado que, através de instrumentos jurídicos, o quadro que se desenha poderá ser revertido. No caso brasileiro, há o Artigo 170 da Constituição Federal como preceito fundamental da ordem econômica do Estado Democrático Brasileiro, com o propósito de garantir uma existência digna assentada em primados do Estado de Direito. Nesse diapasão, vale consignar a lição que Sayeg pontifica em seu magistério:

> A nova Constituição, todavia, não descuidou de consignar como preceitos fundamentais da ordem econômica no Artigo 1º, IV, cominado com o Artigo 170, os valores sociais do trabalho e da livre iniciativa, com o fim de garantir a todos uma existência digna conforme os ditames da justiça social. Para tanto, devem ser observados os princípios da soberania nacional, da propriedade privada, da função social da propriedade, da defesa do consumidor, da defesa do meio ambiente, da liberdade de competição, da redução das desigualdades sociais e regionais, da busca do pleno emprego, do tratamento favorecido à empresa nacional de pequeno porte e da repressão ao abuso do poder econômico.[190]

Analisando o referido artigo, Celso Ribeiro Bastos não hesita em afirmar:

> Passemos em revista mais detidamente cada um dos quatro fundamentos da nossa ordem econômica. Em primeiro lugar vem a valorização do trabalho humano. De fato já vão longe os tempos em que o trabalho era visto como um castigo que deveria ser desempenhado por classes escravas.
>
> (...)
>
> Em segundo lugar surge a liberdade de iniciativa. Na verdade esta liberdade é uma manifestação dos direitos fundamentais e no rol daqueles devia estar incluída. De fato, o homem não pode realizar-se plenamente enquanto não lhe for dado o direito de projetar-se através de uma realização transpessoal. Vale dizer, por meio da organização de outros homens com vistas à realização de um objetivo.

---

190 SAYEG, Ricardo Hasson; BALERA, Wagner. *Op. Cit.*, p. 75.

(...)

Temos como terceiro princípio o asseguramento de uma existência digna. Com efeito, o fim último da atividade econômica é a satisfação das necessidades da coletividade. O estágio atual da tecnologia e do equipamento industrial, agrícola e de serviços já começa a tornar possível eliminar o que tem sido uma constante na história da humanidade: a existência da pobreza.

(...)

O último fundamento vem exatamente reforçar a ideia contida no anterior, qual seja a da existência de uma justiça social. Embora não seja fácil precisar com rigor quais os parâmetros em um Estado justo ou injusto, a verdade é que tornam-se execráveis as disparidades profundas de renda ou de riqueza. O que se poderia perguntar é se é possível organizar-se a justiça social dentro de um regime de liberdade de iniciativa. A nosso ver não existe uma contradição visceral entre essas ideias. É certo que, jogadas a si mesmas, as forças da produção podem caminhar num sentido inverso ao da justiça, contudo, ainda assim, os Estados que mais têm avançado na melhoria da condição humana são justamente aqueles que adotam a liberdade de iniciativa.[191]

Nesse diapasão, temos em Bulos a condensação do entendimento da norma, a saber:

Os princípios gerais da atividade econômica são núcleos condensados de diretrizes ligadas à apropriação privada dos meios de produção e à livre-iniciativa, que consubstanciam a ordem capitalista.

Constituem normas-síntese informadoras do sistema econômico do Estado.

Pela retórica do constituinte, tais princípios sistematizam a esfera de atividades criadoras e lucrativas, com vista à redução das desigualdades sociais.

Foram consubstanciados no art. 170 da Carta Maior do seguinte modo:

— valorização do trabalho humano e da livre-iniciativa (CF, art. 170, caput);

— o constituinte prestigiou uma economia de mercado, de cunho capitalista, priorizando o labor humano como valor constitucional supremo em relação aos demais valores integrantes da economia de mercado. Quanto à livre-iniciativa, não é absoluta; encontra limites na

---

191 MARTINS, Ives Gandra; BASTOS, Celso Ribeiro. *Comentários à Constituição do Brasil*, pp. 15-18.

dignidade da pessoa humana (art. 1º, III), na defesa do consumidor (art. 170, V), no direito de propriedade (art. 5º, XXII), na igualdade de todos perante a lei (art. 5º, caput) etc.[192]

No mesmo sentido, temos em Freire Soares:

> A partir de sua consagração como princípio fundamental, a Carta Magna brasileira refere expressamente a ideia de dignidade da pessoa humana em outros dispositivos normativos setoriais, sobretudo nos Títulos VII e VIII, dedicados, respectivamente, à ordem econômica e financeira e à ordem social, tais como:
> a) o art. 170, caput, que estabelece que a ordem econômica, fundada na valorização do trabalho humano e na livre iniciativa, tem por fim assegurar a todos existência digna, conforme os ditames da justiça social;[193]

Em suma, não se pode alegar a impossibilidade da conjugação das liberdades positivas e negativas sob a falsa alegação de inevitabilidade da força dos mercados, ou mesmo da inexistência de instrumentos legais adequados de modo a interferir na ordem econômica. As externalidades negativas podem e devem ser minimizadas, o que não significa conter a globalização; ao contrário, é inerente a este processo a criação de instrumentos legais que garantam a expansão e o progresso econômico, aplicando o princípio da máxima compressão dos direitos humanos, sob o risco de colocar o homem, no sentido de gênero, hipervulnerável frente a uma economia neoliberal e transacional, sem as calibragens e freios necessários para a correção das externalidades negativas sociais e difusas.[194]

Ipso facto, o direito do não retrocesso é uma garantia oponível a todas tentativas de retrocesso social. A globalização é uma circunstância econômica e histórica que deve promover o crescimento da riqueza e os intercâmbios comerciais, e a questão da soberania nacional, em face do Artigo 170 da Constituição Federal, é objeto dos comentários de Gastão

---

192 BULOS, Uadi Lammêgo. *Direito Constitucional ao Alcance de Todos*, p. 567.
193 SOARES, Ricardo Maurício Freire. *O Princípio Constitucional da Dignidade da Pessoa Humana.*
194 Idem.

Alves de Toledo:[195]

> O princípio da soberania nacional, albergado no inciso I do art.
> 1º e no inciso I do art. 170 da Constituição, é fundamento da repú-
> blica e princípio da ordem econômica. Não parece haver dúvida de
> que o conceito de soberania vem sendo progressivamente modifica-
> do em sua acepção histórica. Da noção primitiva — *summa potestas
> imperium* — se viu submetido, pela imposição dos fatos, a um relati-
> vismo que acabou por retirar-lhe o caráter absoluto para conferir-lhe
> perfil moderado, em face do novo panorama das relações internacio-
> nais. O fenômeno da globalização acabou por constranger os estados
> a unirem-se em torno de interesses comuns, para tanto abrindo mão
> de algumas das prerrogativas inerentes à soberania, até então plena de
> atributos, cuja permanência inviabilizaria a adoção de medidas visan-
> do à defesa daqueles interesses.

A prosperidade advinda do capitalismo é um fato já comprova-
do historicamente. O que se busca é a compatibilização da expansão do
comércio e das riquezas mundiais com o direito a uma existência digna,
em obséquio ao primado humano e social.

---

195 TOLEDO, Gastão Alves de. *Tratado de Direito Constitucional 2*, pp. 325/326.

Capítulo V

Análise do vocábulo "soberania": significados plurívocos

5.1. Uma necessária reflexão

Consignadas estas observações, impõe-se agora a análise do vocábulo no vernáculo, investigando sua etimologia. Examina-se assim o símbolo semiótico "soberania", valendo-se no geral dos conceitos advindos da escola do giro linguístico e, em particular, da teoria do valor (axiologia jurídica). O plexo da Ciência do Direito contém símbolos semióticos que se traduzem em linguagem própria, explicando e discutindo uma camada linguística que incita um subsistema, a do Direito Internacional. Como afirma Paulo de Barros Carvalho:

> É imperioso que fixemos um ponto de apoio para situarmos, devidamente, a temática da língua enquanto sistema convencional de signos (no mais das vezes imotivados) que se mostra resistente a tentativas isoladas de modificação por parte dos indivíduos, assumindo, por isso mesmo, o caráter de uma autêntica instituição social. Essa plataforma está representada pela linguagem, na sua natureza multiforme e heteróclita, como bem salientou Ferdinand de Saussure, participando, a um só tempo, do mundo físico, do fisiológico e do psíquico, da índole pessoal de cada um e do seu contorno social. É na confluência de fatores compositivos tão distintos que se opera o corte metodológico mediante o qual surgirá aquele sistema sígnico alheio à matéria de que são feitos os sinais que o integram: eis a língua que Saussure opôs à fala.[196]

Temos em Houaiss:

---

196 CARVALHO, Paulo de Barros. *Op. Cit.*

Soberania – s.f. (1720 cf RB) **1.** qualidade ou condição de soberano **1.1** território de um monarca soberano (rei, príncipe, sultão etc.)
<o Gato de Botas conquistou para o jovem um vasta s..> **2.** proprieda-
de ou qualidade que caracteriza o poder político supremo do Estado
como afirmação de sua personalidade independente, de sua autoridade plena e governo próprio, dentro do território nacional e em suas
relações com outros Estados. **2.1** conjunto de poderes que constituem
um Estado politicamente organizado **3.** superioridade derivada de autoridade, domínio, poder <a s. não é delegável nem renunciável> <s.
do povo> **4.** qualidade do que não tem apelação ou recurso <a s. de
uma decisão> **5.** primeira colocação; primazia, prioridade <a s. do di-
reito>**6** fig. autoridade moral, tida como suprema <a s. de espírito> **7.**
fig. qualidade ou característica de imperioso; imperiosidade, superioridade <chamava-a de senhora, com ô fechado, fazendo corresponder
sua pronúncia à s. da esposa> **7.1** fig. atitude ou sentimento de alti-
vez, arrogância, soberania <olhava o marido com s., tratando-o como
mercadoria apenas comprada por social conveniência> — **s. popular**
POL doutrina política que atribui ao povo o poder soberano — ETIM
soberano + -ia — SIN/ VAR ver sinonímia de autoridade.[197]

Cuidemos então de investigar dentro do processo gramatical —
valorativo, assim como suas várias categorias científicas, sem descurar o
exame da soberania:[198] a análise do vocábulo não pode ser dissociada do

---

197 *Dicionário Houaiss da Língua Portuguesa.*
198 Para o direito consuetudinário, temos: *"Sovereignty – The supreme, absolute,
and uncontrollable power by which any independent state is governed; mount control
of the constitution and frame of government and its administration; the self-sufficient
source of political power, from which all specific political powers are derived; the international independence of regulating its internal affairs without foreign dictation; also
a political society, or state, which is sovereign and independent.
The power to do everything in a state without accountability, — to make laws, to ex-
ecute and to apply them, to impose and collect taxes and levy contributions, to make
war or peace, to form treaties or alliance or of commerce with foreign nations, and
the like.
Sovereignty in government is that public authority which directs or orders what is to
be done by each member associated in relation to the end of the association. It is the
supreme power by which any citizen is governed and is the person or body of persons
in the state to whom there is politically no superior. The necessary existence of the state
and that right and power which necessarily follow is "sovereignty". By "sovereignty" in
its largest sense is meant supreme, absolute, uncontrollable power, the absolute right
to govern. The word which by itself comer nearest to being the definition of "sovereignty" is will or volition as applied to political affairs. City of Bisbee v. Cochise Country,*

contexto jurídico em que se encontra, pois coaduna com preceitos fundamentais da ordem econômica, axiologicamente considerados o trabalho e a livre iniciativa, e teleologicamente dirigido a uma existência digna e à justiça social, conforme encimado no Artigo 170 da Constituição Federal Brasileira. Assim, o estudo da unidade léxica será operado em seu contexto normativo lógico, e há uma razão que desborda a tentativa de isolamento do contexto linguístico: a presença do elemento mórfico representado pelo símbolo linguístico "e", presente no caput do Artigo 170, que na língua portuguesa tem a função de unir orações de mesmo valor sintático, indicando uma conexão ou adição, conforme se observa de sua transcrição "A ordem econômica, fundada na valorização do trabalho humano *e* na livre iniciativa".

Neste particular, nos valemos do Ministro Gilmar Mendes, que leciona:

> Segundo essa regra de interpretação, as normas constitucionais devem ser vistas não como normas isoladas, mas como preceitos integrados num sistema unitário de regras e princípios, que é instituído na e pela própria Constituição. Em consequência, a Constituição só pode ser compreendida e interpretada corretamente se nós a entendermos como unidade, do que resulta, por outro lado, que em nenhuma hipótese devemos separar uma norma do conjunto em que ela se integra, até porque – relembre-se do círculo hermenêutico — o sentido da parte e o sentido do todo são interdependentes.
>
> Aceito e posto em prática esse princípio, o jurista pode bloquear o próprio surgimento de eventuais conflitos entre preceitos da Constituição, ao mesmo tempo que se habilita a desqualificar, como contradições meramente aparentes, aquelas situações em que duas ou mais normas constitucionais – como hipóteses de incidência à primeira vista idênticas e que só a interpretação racional evidenciará serem diferentes — "pretendam regular a mesma situação de fato.[199]

Assim entendida, a expressão "a ordem econômica, fundada na valorização do trabalho humano *e* na livre iniciativa" (N.B.), encontra na soberania sua *principiologia*. Não há margem para dúvida: o legisla-

---

52 *Ariz. 1, 78 P.2d 982, 986" (Black's Law Dictionary*, p. 1396).
199 MENDES, Gilmar Ferreira; COELHO, Inocêncio Mártires; BRANCO, Paulo Gustavo Gonet. *Curso de Direito Constitucional*, 4ª Edição, , pp. 135-136.

dor constitucional remeteu sua mensagem à função social do trabalho, dentro dos marcos do sistema capitalista assente na soberania, condição precípua para o seu desfrute, sem socorro à conjectura metafísica, na expressão emprestada por Sayeg.[200] De mais a mais, o discurso do método não pode descartar aquilo que o legislador adiciona. Portanto, para exata compreensão do vocábulo, a "soberania" será operada em seu contexto gramatical discursivo, com o propósito de buscar sua completa apreensão.

Estabelecidas as bases de nossa análise, impõe-se verificar como a Teoria do Valor se comporta especificamente em relação ao Modal Deôntico.[201] Aqui, os aspectos do formalismo-valorativo assumem foro tecnicista, franqueando a análise à luz do eixo Valor/ Desvalor. Acresça--se a este raciocínio que os objetos em si não possuem valor — este é conferido pelos homens no mundo cultural, através de sua subjetividade e preferências, construindo uma valoração ao afirmar uma relação de tensão dialética entre sujeito e objeto.

Para o direito, o que se busca é o Valor Jurídico, configurado na hipótese Justo/ Injusto. Assim, o mundo do direito se reduz a valores, e para tanto analisaremos o referido instituto como vocábulo integrado no contexto constitucional, sob o ponto de vista axiológico, deduzindo camada por camada.

---

200 *Op. cit.*
201 Os modais são basicamente três: proibição, de obrigatoriedade e de permissão.

Capítulo VI

Decomposição Linguística do Artigo 170 da Constituição Federal

Com base no exposto, analisaremos a valoração extrínseca do vocábulo "soberania" à luz da Teoria Antropofântica,[202] tendo por objeto a utilização de instrumentos linguísticos para análise do ramo do Direito Internacional Privado e a teoria do giro linguístico como uma teoria geral do Direito — o aspecto observado na análise axiológica do vocábulo sendo dissecado em camadas linguísticas, demonstrando a validade e a utilização prática de um instrumento analítico em nosso campo de trabalho e decompondo-o no contexto em que se encontra inserido — o Artigo 170 da Constituição Federal.

A abordagem linguística e semiótica dos textos legais comprova ser este um instrumento científico eficiente, fornecendo ao estudioso um instrumental que corresponde às demandas da pesquisa científica.

6.1 Bipolaridade

Todo valor possui bipolaridade[203] — buscar o conteúdo semântico por sua antinomia linguística, para alcançar o sentido correto entre as alternativas apresentadas, ou no senso comum, e.g., afirmar "o bem pela existência do mal", como Dante em sua descida literária ao inferno.[204] No mundo dos objetos culturais, nada que diga respeito ao valor existe sem seu contraponto: se o vocábulo "soberania", conforme reco-

---

202 Do grego *ánthrópos* ou "homem" em comp. conexos com –antropia; *phainein* do grego "mostrar, tornar visível, enfatizar".
203 Valor/ Desvalor.
204 ALIGHIERI, Dante. *A Divina Comédia.*

lhido por Houaiss, constitui a "propriedade ou qualidade que caracteriza o poder político supremo do Estado como afirmação de sua personalidade independente, de sua autoridade plena e governo próprio, dentro do território nacional e em suas relações com outros Estados", o seu desvalor estará representado pela incapacidade do Estado em exercer o poder político supremo. O embate se desenvolve no plano de justificação do Estado, ou seja, sua legitimidade última, pela terminologia latina que leva o nome de *summa potestas*.

A antinomia gerada pela aplicação do receituário monetarista produziu uma Ordem Econômica dissociada do Valor do Trabalho *e* da Livre Iniciativa, dissociada igualmente dos atributos da soberania, que, frise-se, não foi suprimida, mas, ao contrário, pulverizada em organismos extraestatais situados fora do alcance da opinião publica e afastados dos centros nacionais, assentes no mercado.

Expliquemo-nos: ao dar vigência e efetividade a uma decisão do Consenso de Washington, por imposição das autoridades do Fundo Monetário Internacional cujo propósito foi a completa liberalização das economias nacionais, a finalidade das normativas que gradualmente foram incorporadas ao plexo jurídico pátrio resultou na dissociação dos fundamentos da Ordem Econômica fundados no valor social do trabalho, que foi relativizado em função das reformas estruturais e da destruição do embrionário Estado do Bem-Estar Social brasileiro. Reformas da previdência privada, notadamente no setor público, reduziram as prestações positivas do Estado inseridas nos direitos humanos de segunda dimensão. Além disso, a chamada garantia do mínimo essencial foi aviltada, transformada em programas assistencialistas liricamente chamados de "fome de pão e de beleza",[205] com o propósito exclusivo da manutenção do *status quo*.

O exercício da livre iniciativa, que supõe condições para igualar a concorrência no mercado, foi distorcido por atos de concentração econômica com a finalidade de concentrar e destruir a concorrência — através de fusões e aquisições capitaneadas por oligopólios transacionais, meramente homologadas por órgãos reguladores da atividade econômica cujo resultado final visa o controle da economia em centros afastados. Modernamente, tornou-se impossível a identificação dos

---

205 FREI BETO. *Fórum Internacional sobre Direitos Humanos e Direitos Sociais.*

grupos controladores, mormente os interesses que advogam e os objetivos colimados.

Tal poder econômico e, por conseguinte, político, tomou posse, num *tour de force*, da capacidade de intervenção e fiscalização dos poderes constituídos, apropriando-se, *ipso facto*, do poder soberano dos países — *in casu* o Brasil — para decidir autonomamente sua direção econômica. Empresas estratégicas na economia nacional realizaram a chamada I.P.O.[206] e, na Bolsa de Nova York, passaram a ter diretorias estratégicas controladas por fundos de investimentos cuja origem e propriedade é pulverizada, controlada, contudo, por comitês de investimento bancário fora do alcance da opinião pública e do controle dos agentes públicos.

Dessa forma, para alcançar plenamente o disposto no conteúdo da norma Constitucional tornou-se necessária a afirmação do primado da soberania na tensão dialética havida entre o capital e o trabalho, de modo a atender os ditames constitucionais conforme o disposto no Artigo 170, ou seja, a criação de mecanismos interventores do Estado na economia para assegurar a plena harmonia no trinômio capital/ trabalho/ soberania, assentes na disciplina dos direitos humanos.

6.2 Implicação Recíproca

Para todo valor há a implicação de outro valor.[207] Ou seja, a soberania não é um atributo jurídico isolado no mundo fenomênico: sua ocorrência deriva de concepções e construção doutrinária assentes no corpo do texto constitucional, dando consistência e coerência a um sistema jurídico. Por se tratar de meta-princípio, sua valoração desborda em outros princípios constitucionais, conforme o teor do disposto no Artigo 170 da Constituição Federal de 1988,[208] que estabelece o "valor social do trabalho e a livre iniciativa assentado no paradigma da soberania" — há uma clara conexão entre os institutos, estabelecendo parâmetros e marcos constitucionais para que este direito seja plenamente

---

206 *International Public Offer.*
207 Um valor que implica em outro valor.
208 Cláusula Pétrea, vide *Constituição Federal Brasileira.*

exercido. O fundamento de validade que sustenta o trinômio "trabalho/ capital/ soberania" no ordenamento positivo constitucional é regido pelos direitos humanos em todas as suas dimensões, criando um equilíbrio reflexivo. No momento conjuntural efetivamente têm predominado as denominadas liberdades negativas, inseridas nos direitos humanos de primeira dimensão.

6.3 Preferenciabilidade

O homem, em seu universo valorativo/ cultural, exerce dentro de sua subjetividade a chamada preferenciabilidade,[209] que nada mais é que o exercício subjetivo de escolhas segundo aspectos ideológicos, estruturantes e culturais. Assim, formam-se o valor e a escolha ínsitos à natureza humana.

Um dos reflexos da relativização da soberania está no reconhecimento dos direitos fundamentais como limite desse instituto:[210] este é o fundamento da decisão proferida em 2007 nas cortes americanas, nas quais houve a afirmação de que os direitos humanos ultrapassam as fronteiras, podendo e devendo ser apreciados pela jurisdição de cada país.[211] Trata-se do caso Kano — um laboratório norte-americano (Pfizer) testou doses de um remédio contra a meningite resultando na morte de onze crianças nigerianas e na invalidez de outras tantas. As cortes americanas de primeira instância se negaram a apreciar o caso. Todavia, anos após o inicio da disputa judicial, as cortes superiores decidiram sua competência sobre o caso, levando o laboratório a pagar uma indenização milionária e com isso afirmando a primazia dos direitos humanos sobre qualquer outro, numa clara e indistinta manifestação de *preferibilidade* dos direitos humanos.

No caso brasileiro, a escolha é notada nos termos do Artigo 170, no qual o legislador assentou os fundamentos da ordem econômica, elegendo e unindo o capital ao trabalho, assegurados pelo instituto da

---

209 Todo valor tem uma preferência.
210 FERREIRA FILHO, Manoel Gonçalves. *Princípios Fundamentais do direito Constitucional*, p. 300.
211 *Kano Case*:
http://media.pfizer.com/files/news/trovan_statement_defense_summary.pdf

soberania.

Os valores implicam em referências, cujo vetor é determinado por pessoas em relação a objetos. Ora, sobre ser o trinômio "trabalho/capital/ soberania" (Artigo 170 C.F.) um valor político e ideológico, vemos a plenitude dos direitos humanos em todas as suas dimensões construindo um feixe indissociável, intrinsecamente ligado à nossa ordem econômica — o capitalismo brasileiro. À pessoa humana é destinado o disposto no Artigo 1º de nossa Carta Magna, erigido, portanto, a partir da dignidade humana, conforme Jorge Miranda.[212] Compreenda-se, nesse diapasão, que "soberania" não é meramente um vocábulo destituído de significância; ao contrário, é a afirmação de uma condição para uma existência com dignidade, dentro do primado da Ordem Econômica.

6.4 Objetividade

O mundo é composto de objetos reais e abstratos, conformando uma dimensão difusa e complexa. Ao mundo dos objetos abstratos pertencem os bens culturais, tal como o Direito, e subespécie deste é a *soberania*, nada mais que um vocábulo indicativo de uma situação jurídica de autonomia absoluta em relação aos seus equivalentes. Encontra-se, todavia, afetada pela superposição de vetores no campo da política e da economia, fragmentando, como resultado, sua unidade e dimensão jurídica: temos aí a manifestação da "pseudoconcreticidade do real" mencionada pelo filósofo tcheco Karel Kosik, que afirma ser este o "mundo" das aparências enganadoras e da "práxis fetichizada",[213] para cuja compreensão é necessário o conhecimento total.

Considerada a Ordem Econômica dentro do trinômio trabalho/ capital/ soberania como um objeto cultural,[214] seu caráter concreto encontra-se fragmentado em uma ordem difusa que altera a estrutura e o relacionamento numa dimensão que supera as possibilidades dos entes estatais tradicionais, sendo sua representação no texto constitucional

---

212 MIRANDA, Jorge. *Teoria do estado e a Constituição.*
213 KOSIK, Karel. *Dialética do concreto.*
214 Objeto do mundo.

uma pseudorrealidade concreta e uma fetichização do objeto cultural no mundo do Direito, tendo em vista que inferências de natureza externa — leia-se: globalização —, reduzem o campo de ação do vocábulo, transmutando sua natureza jurídica e cultural e demandando sua construção dentro de uma doutrina humanista, que tenha como primado os direitos humanos.

6.5 Historicidade

Valores são depositados gradativamente na história, conformando uma graduação valorativa pelo tempo. A história não é uma escala linear, na qual o estudioso cria espaços racionais de tempo para validar sua teoria. Em que pese a subtração da dialética aristotélica ao materialismo histórico, que pretendeu representar os fenômenos de maneira mecânica e economicista, reduzindo a dimensão humana ao *homo economicus*, é razoável compreendê-la como a evolução da experiência cultural. Assim, a unidade léxica do citado Artigo 170 C. F., sob o ponto de vista histórico, deverá ser decomposta em duas dimensões: em sentido estrito e amplo.

Para o primeiro, teremos o registro no momento histórico específico, analisando sua valoração segundo o aspecto conjuntural.[215] Verifica-se que o presente dispositivo é de relevância para o setor econômico-produtivo, na medida em que impõe a conciliação entre economia, trabalho e soberania, exigindo a adoção de medidas de mitigação dos elevados custos sociais e sanando os efeitos degradantes da atividade econômica.

Quanto ao sentido amplo da unidade léxica, o verificaremos desde o momento de suas primeiras referências e respectiva evolução na escala do tempo, comparando os valores culturais em diferentes momentos e compreendendo as mutações ocorridas ao longo do período. Em direito internacional, conforme registra Strenger, "historicamente a convivência sempre surgiu como imperativo da própria natureza humana, traduzido no empenho de promover as relações e intercâmbios, tanto no aspecto social como comercial. Não é característica do homem

---

215 Vide Adam Smith.

viver segregado ou isolado de seus semelhantes; ao contrário, a humanidade sempre revelou como tendência espontânea a necessidade de constituir comunidades (...)".[216]

Assim, o vocábulo "soberania", referido no texto constitucional de 1988, não tem o mesmo significado na contemporaneidade, mormente ao constatarmos a inferência de uma decisão arbitral extraterritorial, que transmuda a noção tradicional deste instituto. Para André Ramos Tavares, "a forma econômica é o modo específico de estruturação de um determinado sistema, já que este pode formar-se sob vários critérios".[217] A ordem econômica no *laissez-faire* tornou-se um *modus vivendi* no liberalismo, a versão mais pura de capitalismo na qual o mercado deve funcionar livremente, sem interferência. Em tempo, as Constituições do México de 1917 e da Alemanha de 1919, conforme já mencionado, foram as primeiras a incorporar matéria relativa à ordem econômica.

6.6 Hierarquia

Na experiência humana em sociedade, não há Direito sem uma disposição hierárquica, sendo lícito afirmar que a hierarquia é uma característica ínsita no sistema, notada por Hans Kelsen[218] na elaboração de sua teoria jurídica do neopositivismo lógico. Para Kelsen, as normas têm seu fundamento de validade em outras de caráter superior, e assim, sucessivamente, até o texto constitucional, que é composto de princípios suportados por meta-princípios cujo fundamento de validade encontra-se na norma hipotética fundamental.[219] As normas possuem diferenças marcantes, com particularidades próprias quanto aos corpos de linguagem, discursos linguísticos, organização lógica e funções semânticas e pragmáticas.

Para Paulo de Barros Carvalho, o preâmbulo da Constituição Federal Brasileira é a plataforma da ideologia constitucional pátria, "lá se encontrando os valores jurídicos da mais alta hierarquia, objetivan-

---

216 STRENGER, Irineu. *Direito Internacional Privado*, p. 27.
217 TAVARES, André Ramos. *Direito Constitucional Econômico*, pp.31/32.
218 KELSEN, Hans. *Teoria pura do direito*.
219 Do alemão: *Grundnorm* – Norma Hipotética Fundamental.

do instituir um Estado democrático de direito, destinado a assegurar o bem-estar, o desenvolvimento, a igualdade e a justiça como valores supremos de uma sociedade fraterna, pluralista e sem preconceitos, fundada na harmonia social e comprometida, na ordem interna e internacional, com a solução pacífica das controvérsias (...)".[220] Mas, se o procedimento hierárquico é essencial para a conformação do sistema jurídico, não se trata de encará-lo como simples diretiva programática, voltada para a ordem como exteriorização do fenômeno constitucional. Certamente, o conceito "ordem econômica" implica numa escala de valores e sequência de atos jurídicos que serão essenciais para a sustentabilidade do sistema. Uma vez que a estrutura formal, que assume ares especialíssimos, encontra-se afetada por um fenômeno procedimental extraconstitucional, é de rigor observar que a mutação valorativa não só afeta o vocábulo, como também o sistema em seus fundamentos.

6.7 Atributividade

Atributividade[221] significa conferir valor a um determinado bem cultural. Em um contexto totalmente diverso, Karl Marx, e posteriormente Marshall Berman, no seu estudo sobre a aventura humana, afirmam que tudo que é sólido desmancha no ar.[222] O constitucionalismo brasileiro, em particular o objeto de nossa análise, não poderia fugir a esta regra, uma vez que a unidade léxica está afetada por vertentes axiológicas e submetida às escalas valorativas da segunda modernidade. Desenvolvido na primeira modernidade, o conceito de soberania teve sua concepção relativizada pelo escoar do tempo. A influência de organismos extraestatais e extraterritoriais tem o condão de valorar o antigo conceito, reduzindo sua amplitude. O fator temporal revela a forma mais aguda da atributividade. Cumpre registrar o pensamento de Hessen:

> Além disso, também a teoria do conhecimento de ARISTÓTELES é completamente estranha a uma <Ideia> no sentido de uma <Ideia

---

220 CARVALHO, Paulo de Barros. *Direito Tributário Linguagem e Método.*
221 O ser humano atribui o valor ao objeto.
222 BERMAN, Marshall. *Tudo que é sólido desmancha no ar.*

de Valor>. Não há aí lugar para ela. O filósofo desconhece-a. Segundo ele, o intelecto extrai os conceitos da experiência. Os conceitos universais são formados à custa da experiência e dos dados dos sentidos que a Realidade fornece ao sujeito do conhecimento. Mas a Realidade não aparece no rasto dum dever-ser, dum *Sollen*. Este, pelo contrário, contrapõe-se ao ser, como norma, como normatividade. Por conseguinte, não se podem obter por este caminho quaisquer conceitos de normas ou dum dever-ser; obtêm-se apenas conceitos relativos a seres. A constituição dos primeiros deixa pressupor um conhecimento até certo ponto criador. Trata-se de conceitos que não se deixam extrair de nenhum ser, e que só podem ser gerados pelo Espírito mediante um processo de criação original. Porém, para ARISTÓTELES tal processo não existe. Para o mesmo filósofo, conhecer significa essencialmente o mesmo que receber, registrar precisamente alguma coisa; um *pati* e não um *facere*. Donde resulta que ARISTÓTELES não podia deixar de negar, partindo deste ponto de vista, toda a ideia autônoma de valor e, portanto, a possibilidade dum reino dos valores.[223]

Assim, deverá atribuído à unidade léxica do Artigo 170 o seu valor de acordo com os primados humanísticos, afastando a leitura liberal do citado artigo.

6.8 Incomensurabilidade

O problema da forma e do conceito é elemento nuclear em toda teoria científica, demandando ao pesquisador aquilatar as medidas do fenômeno sob análise. Em se tratando de uma ciência exata ou biológica, este problema, sob determinadas circunstâncias, será superado, avaliando o pesquisador o objeto de sua curiosidade científica. Transmudada a questão para o plexo das ciências humanas — em especial o Direito, cujo instrumental de trabalho é a linguagem —, a comensurabilidade da partícula gramatical conquista nova dimensão, impedindo a mensuração do instituto em uma escala valorativa.[224] A perspectiva axiológica, profundamente subjetiva, produz uma incapacidade de dimensionar o objeto científico tendo como instrumental medidas de caráter universal.

---

223 HESSEN, Johannes. *Filosofia dos Valores.*
224 Não se pode medir valores.

Em outras palavras, a unidade léxica não pode ser medida, tocada ou percebida pelos sentidos humanos, a não ser que se considere a experiência humana, subjetiva e empírica, como modo de produção científica. Não há ordem econômica sem direitos, conforme menciona Pascowitch:

> Ao tratar da ordem econômica, a Constituição Federal define, em quatro capítulos, entre os artigos 170 e 192, os princípios e fundamentos da atividade econômica, a política agrícola e fundiária e o sistema financeiro nacional.
>
> (...)
>
> Da simples leitura do artigo supra, pode-se inferir (i) que o que busca a lei maior é o desenvolvimento econômico do país, fundando-o na valorização do trabalho humano e da livre iniciativa, com a finalidade de assegurar a todos uma existência digna, conforme os ditames da justiça social e em certos princípios, bem como (ii) que não há qualquer princípio que proíba a emissão de quotas preferenciais por sociedades limitadas, relegando à legislação infraconstitucional esta missão.[225]

Estes existem previamente à sua enunciação, até porque sua valoração não toca os limites da juridicidade institucional. O que se pode, e aqui pretendemos afirmar, é que a ordem econômica na forma em que foi concebida está sendo mitigada, migrando para outro patamar, diferente do que atualmente se compreende. Trata-se de um processo de transformação valorativa, com prejuízo dos valores fundamentais em que se assenta a ordem econômica nacional.

6.9 Inexauribilidade

Por questão de metodologia científica, afirmamos que o valor não se esgota em si próprio (inexauribilidade) e transmigra para outras esferas do processo ontológico, sendo inesgotável essa fonte de dispersão cultural. A unidade léxica na qual se insere a Ordem Econômica em nosso texto constitucional possui um significado linguístico dentro

---

225 PASCOWITCH, Julia de Souza Queiroz. *Atual Panorama da Constituição Federal*, pp. 518 e 519.

do Direito, que, embora seja mutável, terá conforme as circunstâncias seu aspecto linguístico preservado. Num estágio inferior do marco civilizatório, o aspecto formal do vocábulo no contexto do Direito serviu a um propósito. Em outro marco, o vocábulo perderia certa aderência, mas ganharia nova textura, sendo reconhecido ainda como um símbolo semiótico ligado à noção original de poder absoluto. Paralela a essa noção, a teoria estética de Adorno examina a arte, que também é um bem cultural do qual podemos tirar lições, a saber:

> (...) A liberdade das obras de arte, cuja autoconsciência é celebrada e sem a qual elas não existiriam, é a mentira da sua própria razão. Todos os seus elementos as acorrentam ao que elas têm a dita de sobrevoar e em que ameaçam a todo o momento mergulhar de novo. Na relação com a realidade empírica, evocam o teologúmeno segundo o qual, no estado de redenção, tudo é como é e, ao mesmo tempo, inteiramente outro. É óbvia a analogia com a tendência da profanidade para secularizar o domínio sagrado, até quando este se mantém ainda mesmo secularizado; a esfera do sagrado é, por assim dizer, objetivada, murada, porque o seu momento de falsidade aguarda tanto a secularização como dela se defende mediante o exorcismo. Assim, o puro conceito de arte não constituiria o círculo de um domínio garantido de uma vez por todas, mas só se produziria de cada vez, em equilíbrio momentâneo e frágil, muito comparável ao equilíbrio psicológico do Ego e do Id. O processo de repulsa deve continuamente renovar-se. Cada obra de arte é um instante; cada obra conseguida é um equilíbrio, uma pausa momentânea do processo, tal como ele se manifesta ao olhar atento (...).[226]

Se compreendermos o direito como valor cultural, poderíamos concluir que o processo de mutação do trinômio é a topopoligamização de valores continuamente renováveis. A Ordem Econômica é um instante; cada significação obtida é um equilíbrio, uma pausa momentânea do processo, tal como ele se manifesta. Assim, a renovação estética da partícula gramatical no altiplano do mundo concreto é inexaurível, revelando-se a cada espaço temporal como se fora um caleidoscópio cultural.

---

226 ADORNO, Theodor W. *Teoria Estética*, p. 17.

Capítulo VII
Islândia

Ação política: a política está migrando para fora dos mecanismos ortodoxos da democracia, como é o caso concreto da Islândia

7.1 O Ingresso no Processo Civilizatório e a Expulsão do Paraíso

A história da Islândia guarda certa singularidade que a torna única nos tempos atuais, destacando esse pequeno país dos demais centros europeus e mundiais. A antiga colônia dinamarquesa conseguiu, através dos séculos, construir uma identidade linguística própria, fator de unidade política e cultural do país. Para se ter uma ideia da importância de sua unidade linguística, trata-se do único país no mundo que possui uma legislação determinando que todos os componentes de computador, os chamados hardware ou software, tenham seus nomes vertidos ao vernáculo. Legalmente, é proibido o chamado "estrangeirismo", assim entendido a absorção de determinado vocábulo estrangeiro para o idioma nacional.

Devido às distâncias geográficas, a língua falada e escrita é a mesma dos antigos vikings, primeiros habitantes da região, que utilizavam a ilha em suas viagens, havendo relatos baseados em fontes primárias de que teriam alcançado as costas do atual Canadá e Estados Unidos. Alguns desses aventureiros formaram a primeira povoação do país, datada dos anos 800 e 900 da era cristã, construindo assentamentos e se dedicando à atividade rural, base econômica do país até 1900.

Sob o ponto de vista da unidade cultural, leia-se a história de um passado épico, que glorifica a epopeia e a coragem de um povo distante de tudo e todos, desafiando condições climáticas adversas, a separação do continente por mares gelados e longa distância. O registro desses tempos gloriosos constitui uma tradição escrita — as chamadas *sagas* — fator de construção da memória nacional. Como podemos observar, o idioma de origem remota é parte da invenção das tradições islandesas, como a narrativa política de um passado imemorial e formalmente institucionalizado, permeando as redes de convenção e constituindo um processo de ritualização e formalização da identidade nacional, caracterizado por referências à glória ancestral através da repetição — composto de significados simbólicos e complexos, como pretende Hobsbawn.[227]

O processo de industrialização do país ocorreu a partir do início do século XX, com a instalação de usinas hidro e termoelétricas que formaram a base, servindo como apoio à nascente indústria da pesca. Observe que a pesca, um setor forte da economia, se dedica entre outras atividades à baleeira, o que impede até a data presente seu ingresso na União Europeia, pois há resistências por parte da indústria pesqueira em aceitar as resoluções da UE relativas à proibição da caça às baleias. Além disso, registre-se o referendo para consultas em plebiscito à população sobre o pagamento do débito externo do país, que deu um rotundo "não" a esta questão.

Como consequência do progresso econômico e das tensões políticas internas entre os setores da aristocracia rural e da nascente classe média urbana, no dia 1º de Dezembro de 1918 celebrou-se um acordo com a Dinamarca, o Ato de União, onde se reconhecia a Islândia como Estado Soberano unido à Dinamarca. Pelos acordos de 1918, a Islândia tinha seu Pavilhão Nacional próprio, cabendo à Dinamarca representá-la nos negócios estrangeiros e na defesa de seu território.

Com o advento da 2ª Guerra Mundial, o país inicialmente declarou-se neutro, vindo a ser invadido pelos ingleses e posteriormente ocupado pelos norte-americanos — que permaneceriam até 1952, exercendo influência cultural e econômica. Retirada, a base cedeu lugar a uma Universidade, que se tornou um grande polo irradiador de pesquisa e cultura.

Durante a guerra o país acumulou divisas em bancos estrangeiros, o que permitiu ao governo atuar em duas frentes distintas: a pri-

---

227 HOBSBAWN, Eric; RANGER, Terence. *A Invenção das Tradições.*

meira, no *front* comercial com a renovação e reconversão das unidades industriais, mormente no setor da pesca industrial; e a segunda, na construção de um Estado do Bem-Estar Social baseado nos postulados de Keynes. Em 17 de julho de 1944 a Islândia se tornou independente, rompendo os acordos com a Dinamarca; as fortes relações comerciais entre os dois países, no entanto, foram mantidas.

Com o advento da globalização, e a partir de 2002, visando à inserção do país na nova divisão internacional do trabalho e seguindo o receituário monetarista — o já comentado Consenso de Washington —, o primeiro-ministro islandês David Oddson[228] iniciou a privatização do setor bancário, que no país se resumia a três pequenas instituições financeiras.

Lembramos que no ano 2000 Reykjavík foi eleita a capital cultural da Europa, evento que marcou os islandeses, pois, de certa forma, após décadas de isolamento, sentiram-se como parte de uma comunidade ampliada. Esse sentimento de pertencimento foi o mote para os políticos locais, em aliança com setores do capital financeiro internacional, organizarem uma campanha para o crescimento econômico.

O primeiro banco a ser privatizado foi o Landsbanki, seguido pelo Bunadarbanki, ambos ligados ao forte setor agrícola do país. O objetivo da privatização foi o especial interesse governamental em atrair o investimento estrangeiro direto, uma vez que os bancos seriam adquiridos por investidores com larga experiência no setor financeiro internacional, possuindo as competências e habilidades necessárias para estabelecer um fluxo de capitais que permitiria o crescimento. À medida que ocorriam as privatizações de diversos setores da economia, com a edição de legislações visando sua liberalização, o estado do bem-estar social sofria um paulatino desmonte. O antigo receituário monetarista do MIT de Chicago foi aplicado, criando um mecanismo de inserção da Islândia na nova ordem econômica global.

Essas privatizações são hoje objeto de investigações por parte do governo e da imprensa, segundo os quais membros do Partido Independente chamados S-Group, sem nenhuma experiência no setor bancário, assumiram o controle financeiro das principais instituições do país através de sofisticadas operações para sua aquisição — incluindo a forma-

---

228 Grafia em islandês Davíð Oddson.

ção da Samson Holding —, operando uma gestão ruinosa que levou o país à bancarrota, conhecida como "o colapso". Afirma-se que a partir de 2002 foi formado um comitê de privatização cujos principais postos foram gradualmente ocupados por membros da cúpula do partido — os fatos, ainda nebulosos, fazem parte da crônica política do país, que em poucos anos virou manchete mundial como uma nação arruinada pelas finanças internacionais.

Em reportagem de capa, o *Wall Street Journal* indagou o que teria levado um país de pescadores a se reinventar como potência financeira internacional. Independentemente do que tenha ocorrido, o fato é que o país viu-se, do dia para a noite, invadido pelo crédito fácil através do manejo de operações nada ortodoxas — a utilização em larga escala de operações *subprime* que, em termos de macroeconomia, quebrou a economia mundial e em especial a Islândia, colocando em risco o processo de globalização econômica.

Haja vista que o pequeno país não possuía mecanismos de defesa de sua economia, como foi o caso do Brasil — que, através de operações como o PROER (Programa de Estímulo à Reestruturação), saneou antecipadamente seu mercado financeiro evitando a contaminação do setor bancário, e, por consequência, a instalação de uma crise sistêmica. O que ocorreu na Islândia foi, sobretudo, uma crise de fundamento na economia, que se encontra falida.

Em 2003, os três maiores bancos da Islândia possuíam reservas de alguns bilhões de dólares, correspondentes a 100% do Produto Interno Bruto. Em pouco mais de quatro anos as reservas financeiras passaram a exceder a US$140 bilhões, quantia muitas vezes superior ao seu PIB.[229] O excesso de poupança líquida teria gerado o crédito fácil e o consumo exagerado. Operações de refinanciamento de imóveis, ou seja, hipoteca sobre hipoteca, tornaram-se comuns, criando uma crise de endividamento sem lastro financeiro para a quitação dos débitos.

O endividamento pessoal seguiu a rotina das finanças norte--americanas. Quando Wall Street se viu diante das dificuldades finan-

---

229 De acordo com a CNN, as operações financeiras correspondiam a dez vezes o PIB.
http://money.cnn.com/2008/12/01/magazines/fortune/iceland_gumbel.fortune/index.htm

ceiras, tratou de repatriar seus ativos: de um dia para o outro, o que era riqueza pulverizou-se diante da quebra generalizada. Para se ter um parâmetro, a dívida externa do país, que na década de 1980 representava 36% do PIB, no auge da crise tinha evoluído para 236% do mesmo índice. As dívidas hipotecárias no mesmo período cresceram de 36% para 246%. A króna, moeda local, conforme o sítio eletrônico do Banco Central Islandês, perdeu seu valor de face em 50% em razão da não entrada da Islândia na União Europeia.[230] Um pacote de socorro no valor de US$2,1 bilhões do Fundo Monetário Internacional foi concedido às pressas, mas o montante já era insignificante diante da magnitude da crise.[231] Como não se bastasse, os bancos Kaupthing, Landsbanki e Glitnir ficaram insolventes, e o mercado de capitais perdeu 90% do seu valor.[232] O Banco Central entrou tecnicamente em insolvência, assentado em créditos podres — no linguajar financeiro.[233]

Conta o folclore nacional que, diante da crise, um representante do Fundo Monetário Internacional laconicamente declarou: "*You have to understand, Iceland is no longer a country. It is a hedge fund*".[234] Esta pequena fábula demonstra ao que se reduziu, em poucos anos, um país que ingressou na globalização sem tomar as devidas precauções.

O componente retórico "livre mercado" está mais focado no discurso do que em responsabilidade social. A filosofia liberal, sustentada pelo princípio da liberdade do mercado, produziu um paradigma cuja consequência inevitável foi a substituição do cidadão e do consumidor pela lucratividade; reduziu a liberdade como essência do sistema político, renunciando ao direito de comandar a política através do Direito, "dirigindo" o mundo para longe dos direitos humanos.

Na verdade, esse país gelado parece sintetizar os problemas da contemporaneidade. Considerada um modelo de equilíbrio ambiental, a Islândia esconde um passado de agressões ao meio ambiente que esgotou a cobertura vegetal da ilha — desde as invasões nórdicas, a par-

---

230 http://www.sedlabanki.is/?PageID=178
231 Idem.
232 Ibidem.
233 Nota do editor: Em meados de 2012, a Islândia é considerada um dos *cases* de recuperação mais bem-sucedidos da Europa. Fonte: http://en.wikipedia.org/wiki/2008%E2%80%932012_Icelandic_financial_crisis
234 Você deve entender, a Islândia não é mais um país. É um fundo de hedge.

tir dos anos 900, a exploração foi sistemática, visando à construção de casas, barcos, móveis e toda sorte de materiais para uso humano. Isso teve um elevado preço: a destruição da flora nativa sem a respectiva recomposição.

O esgotamento da cobertura vegetal — que continha a lava, produto direto da intensa atividade vulcânica — resultou num processo de desertificação que está avançando, destruindo as áreas cultiváveis e diminuindo ano a ano as fronteiras agrícolas.

Os esforços no sentido de mitigar as externalidades negativas têm surtido pouco ou nenhum efeito. Já em 1970, o prêmio Nobel de Literatura Halldór Kiljan Laxness escreveu um de seus mais famosos artigos — "Guerra contra a Terra" —, onde discute os imensos danos causados ao país pela exploração indiscriminada da natureza, como, por exemplo, a destruição das florestas e a expansão da desertificação, afirmando que não haveria benefícios para ninguém. Laxness alerta, ainda, para a tragédia ambiental que se anunciava com a instalação de indústrias à beira dos lagos islandeses — fonte de abastecimento e vida selvagem.

O artigo de Laxness somente pode ser entendido quando confrontado com a chamada ideologia oficial da National Energy Authority[235] expressada em artigo anterior, de autoria de Jakob Björnsson, membro do *staff* da referida agência, publicado naquele ano no Jornal *Samvinnam* — por ocasião da conferência de proteção de Thjórsárver, chamando os participantes de "inimigos da Islândia".

Como se não bastasse, o aquecimento global atingiu diretamente o país, que durante aproximadamente 600 anos atravessou um ciclo de baixas temperaturas[236] que resultou na criação de enormes geleiras, reservas naturais de água. Com o aquecimento, fruto da utilização desordenada de combustíveis fósseis, a temperatura na região dos polos está se elevando, provocando o degelo e a destruição da biodiversidade. Não raro, animais selvagens — como os ursos polares — se afastam de seus santuários, marchando milhares de quilômetros em busca de alimentos e se aproximando perigosamente de núcleos urbanos, constituindo um risco para os seres humanos e para si próprios. Os habitantes

---

235 Órgão nacional que cuida da energia da Islândia.
236 A pequena era glacial é um período que vai de 1300 até 1900, aproximadamente.

do circulo ártico — *inuits* — atribuem tais fatos à ira dos deuses, provocada pela constante destruição do meio ambiente.

As geleiras estão se desfazendo, escoando as águas pelos rios rumo aos mares; o nível dos oceanos se eleva e permite a salinização da água doce devido ao ingresso do mar nas lagunas — antes reservas de água das principais cidades do país situadas na área costeira, devido às sofríveis condições de vida no interior do país.

Além disso, o risco de destruição das geleiras não é apenas um passivo ambiental local: trata-se de uma questão global, que já vem afetando países de todos os continentes. Bangladesh, situado nas costas do Himalaia, possui uma longa planície que chega ao Oceano Índico. Sua economia, baseada na monocultura do arroz, vem sofrendo prejuízos com o avanço da água salinizada dos mares que contamina os reservatórios de água doce, forçando a migração de mão-de-obra para outros centros mundiais onde geram tensões sociais e políticas — de certa forma um fenômeno equivalente ao enfrentado nas regiões do Círculo Polar Ártico, cujas populações sofrem com as alterações climáticas sem que haja qualquer medida de mitigação dos danos.

Há ainda a difusão do mito de que o degelo global contribuiria para o aumento das fronteiras agriculturáveis, embora não exista até o momento qualquer evidência científica neste sentido. É razoável afirmar, no entanto, que o subsolo do Ártico esconde riquezas minerais intocáveis, levando os países da região à reivindicação de porções territoriais, o que pode ser constatado por duas evidências disponíveis: a primeira, de natureza política, em razão da forte movimentação diplomática na região, notadamente pela realização de conferências demarcatórias e publicações no noticiário especializado; a outra, de natureza mais pragmática, evidenciada pela forte presença de empresas mineradoras circulando na região.

Mas não é tudo. O progresso econômico, traduzido em uma política de industrialização, significou a instalação no país de unidades de processamento de alumínio, que demandam uma grande quantidade de energia para a reconversão do minério Alumina. Para a questão da obtenção de recursos hídricos suficientes para a geração de energia elétrica, a resposta encontrada no campo da engenharia foi a canalização do degelo dos glaciares — através da perfuração do subsolo para a construção de um canal subterrâneo que transportaria a água, forman-do um lago artificial e uma usina hidroelétrica para abastecer a unidade processadora.

Os custos para a implantação da unidade fabril e da usina equi-valem a um terço do Produto Interno Bruto islandês — o maior investi-mento privado realizado na história daquele país, esclarecendo que em 2008 já existia uma unidade em funcionamento nas cercanias da capital e outras quatro sendo projetadas. Sob o ponto de vista da defesa desses projetos, há dois argumentos distintos: o mantra do crescimento econô-mico, e outro, mais pueril, de que os lagos formariam lindas paisagens.

Em nota pública de 2003,[237] a Alcoa noticiou ser esse o projeto da maior unidade de produção de alumínio do mundo, com capacidade para a produção de 332 mil tons/ano. O alumínio produzido seria utili-zado para a fabricação de mísseis táticos Tomahawk.

Segundo trabalho científico do Assistente Técnico *Ad Hoc* do Ministério Público Estadual de São Paulo e Ministério Público Fede-ral, Elio Lopes dos Santos, "a cadeia produtiva do alumínio apresenta um elevado potencial poluidor, com emissões constituídas primordial-mente por material particulado, gases ácidos e vapores alcalinos. Neste contexto, a poluição do ar é a que mais afeta o meio ambiente e a saúde do trabalhador".[238]

A questão não está formulada contra o direito dos países a in-gressarem no mundo globalizado. Ao contrário, o anseio pelo progresso econômico e a consequente melhoria da qualidade de vida é uma meta a ser buscada por todos os povos do mundo. Mas o discurso é falho na medida em que aponta as benesses da globalização, sem, contudo, apon-tar as mazelas do liberalismo, que no caso sob análise levou um país à bancarrota e criou uma ameaça à destruição do meio ambiente global, dada a posição estratégica da Islândia na geografia mundial.

A problematização não se dá no campo dos progressistas e do antiprogresso, como se o desenvolvimento em si fosse algo a ser re-pelido, a ponto de se propor, como no início da Revolução Industrial, a destruição pura e simples das máquinas. O que se pode perceber é que o discurso da globalização é uma via de mão única: apontam-se

237 http://www.alcoa.com/global/en/home.asp
238 http://www.ecelambiental.com.br/artigos.php

as vantagens da mundialização econômica, assentada no primado do crescimento e do progresso econômico e relegando o ser humano a um papel secundário, desequilibrando a equação das dimensões dos direitos humanos, o equilíbrio reflexivo, em prol das liberdades negativas, consubstanciadas no direito de propriedade.

A centralidade é o mercado, não importando qualquer argumento contra o mantra do progresso econômico e menosprezando-se o conteúdo jurídico, como se o Direito fosse empecilho ao crescimento econômico. Na análise da superestrutura econômica, devem sempre ser levados em conta os aspectos jurídicos, conforme menciona Dinaura Godinho Pimentel Gomes:

> Toda essa análise pode ser qualificada como um estudo epistemológico da Filosofia do Direito, que envolve a noção, o objeto e a metodologia a ser empregada nesse questionamento, em torno do Direito e de seu papel na sociedade globalizada. Epistemologia, do grego *episteme* (ciência) e *logos* (estudo), significa, etimologicamente, 'teoria da ciência'. No sentido amplo, é a parte da Filosofia que estuda os limites da faculdade humana e os critérios que condicionam a validade dos mesmos. Vale dizer, equivale à teoria do conhecimento como parte da Filosofia que estuda o alcance, os limites e o valor do conhecimento humano, bem como os critérios de validade desses mesmos conhecimentos.[239]

A tensão dialética surgida entre o mercado e o ser humano só pode ser mediada pelo equilíbrio reflexivo, o que, no caso da Islândia *ipso facto* não ocorreu, destruindo empregos, poupanças, postos de trabalho e o meio ambiente: o poder não se encontra nas mãos dos cidadãos, e sim em interesses nem sempre transparentes para a opinião pública, numa ordem econômica assentada no culto ao liberalismo que objetiva unicamente o lucro, a ganância e o hedonismo, transformando o capitalismo em inimigo dos direitos humanos, entendidos em todas as suas dimensões.

A convergência entre a livre iniciativa e o ser humano — como centro do planeta — deverá sempre ser buscada, tendo em vista a realização e garantia do mínimo existencial. Assim, poderá ser atingido o

---

239 GOMES, Dinaura Godinho Pimentel. *Direito do Trabalho e Dignidade da Pessoa Humana, no Contexto da Globalização Econômica – Problemas e Perspectivas.*

progresso econômico, sem, contudo, destruir a economia, que dirá o meio ambiente. A Islândia foi vítima do mantra do mercado internacional e do crescimento a qualquer preço — um modelo a ser estudado e, principalmente, evitado.

São viáveis outras alternativas econômicas. A Nova Zelândia, por exemplo, vem se destacando no cenário mundial por conjugar desenvolvimento e sustentabilidade ao vocacionar sua economia para uma agricultura sustentável, uma exploração racional dos recursos naturais e a criação de uma forte indústria do turismo. Talvez não haja no mundo um melhor paralelo para o tema deste estudo.

Capítulo VIII
Economia verde

A globalização não gerou apenas a crise econômica. Em função do absoluto descontrole dos fluxos de capitais, gerou subcrises sistêmicas — como é o caso da violência, desemprego, narcotráfico, empobrecimento, queda da produção agrícola e desertificação, entre outras. No campo ambiental, sobretudo, acelerou o processo de degradação ambiental, que, analisado neste estudo com o *case* da Islândia, demonstra claramente a interconexão entre a liberalização dos fluxos de capital e a agressão ao meio ambiente. Ao criar instrumentos jurídicos de regulação do fluxo internacional de capitais, assentados em uma perspectiva humanista e progressista cuja centralidade é o ser humano, estaremos criando instrumentos de controle e proteção da natureza de modo a criar condições para um modelo de sustentabilidade.

Se pretendemos garantir o uso racional das fontes não renováveis de energia, o controle da emissão de carbono na atmosfera, o uso sustentável dos recursos naturais e a aplicação de uma política para enfrentar a mudança climática, o desenvolvimento sustentável é a única saída dentro dos marcos capitalistas para as presentes e futuras gerações, traduzida em um direito positivado que proteja o planeta. Inúmeros debates têm sido organizados a partir da constatação dos riscos envolvidos, entre eles o IV relatório do IPCC (Painel Intergovernamental Sobre Mudanças Climáticas) — que apresentou diversos cenários, admitindo um aumento da temperatura entre 2º e 2,4º Celsius, conforme observou Giddens.[240]

Mais do que nunca, a reemergência de uma utopia, ou seja, a discussão de um novo paradigma socioeconômico centrado em uma

---

240 GIDDENS, Anthony. *A Política da Mudança Climática.*

visão de progresso humano — compatível com as demandas do crescimento econômico, assentado na sustentabilidade e protegendo as vulnerabilidades e o reconhecimento global de que a mudança climática não diz respeito apenas às nações desenvolvidas, mas ao conjunto da humanidade — implicará na construção de uma sociedade não só mais justa, mas também mais viável. Ao abordar a questão, Giddens propõe uma política de adaptação traduzida no binômio Tecnologias x Impostos, propondo um novo papel para o governo, um *New Deal* da mudança climática: impostos sobre o carbono, racionamento do carbono e busca de novas matrizes energéticas.[241]

É importante observar os avanços registrados por ocasião da denominada CNUMAD, ou Rio 92, onde a governança mundial reunida pautou para a agenda mundial novos patamares de desenvolvimento sustentável. Apesar dos esforços expedidos como a elaboração da Agenda 21, documento que norteia o desenvolvimento sustentável, muito ou pouco se realizou em termos de mudança da matriz energética no mundo. Ocorreu uma expansão da utilização de combustíveis fósseis, a ampliação das fronteiras agrícolas — com a destruição de florestas e matas nativas —, o desvio de cursos naturais dos rios, o esgotamento de fontes e reservas tradicionais de água, a ampliação do processo de desertificação, o aumento do degelo nos polos e o aumento das temperaturas em regiões do mundo. Novos fenômenos climáticos, advindos do aumento das temperaturas nos oceanos — como é o caso bem conhecido dos Tsunamis, termo até então adstrito a especialistas —, entre outras questões, atestam que a mudança climática já está ocorrendo em nosso planeta.

É bem verdade que ocorreram diversas iniciativas em favor da sustentabilidade, ou por parte de governos preocupados com o bem-estar de sua população, ou, em sua maior parte, através da opinião pública mundial, que deu um novo viés à questão do clima. Nesse sentido, reuniu-se recentemente no Rio de Janeiro a UNCSD — United Nations Conference on Sustainable Development —, denominada Rio +20, conferência que propôs reflexão sobre a economia verde e a governança internacional para o desenvolvimento sustentável, visando à incorporação por sistemas econômicos dos valores e instrumentos que assegurem

---

241 Idem, p. 164.

a justiça, equidade e inclusão social, a sustentabilidade e a integridade ambiental.

Construir a governança global na transição para uma economia sustentável — que respeite o meio ambiente sob uma perspectiva ecologicamente correta apoiada por governos, corporações comerciais, financeiras, setores industriais e agrícolas, ONGs e movimentos ambientalistas — parece ser o caminho correto apontado desde as conferências do clima de Estocolmo, Johanesburgo, CNUMAD e, agora, a UNCSD. Os esforços da comunidade internacional apontam na construção de um modelo econômico sustentável; mas se neste período de vinte anos o mundo caminhou em direção a uma produção menos poluente, resultado de uma reflexão sobre a economia verde, uma maneira de erigir uma economia sustentável, gerar empregos e garantir qualidade de vida aos seres humanos sem agredir mais ainda o meio ambiente, apesar dos discursos dos agentes econômicos em prol de um mundo de sustentabilidade, pouco ou nada se avançou.

Pela proposta do governo brasileiro às Nações Unidas, a UNCSD 2012 seria uma forma de reconfigurar as atividades econômicas e a infraestrutura produtiva, visando o bem- estar da humanidade e a redução das desigualdades sociais, preservando o planeta para as presentes e futuras gerações e as protegendo dos riscos ambientais e da escassez de recursos. Foram enfocados, entre outros temas, as emissões de gases e o efeito-estufa, a racionalização dos recursos naturais visando à universalização do saneamento básico e o reaproveitamento dos resíduos industriais e domésticos. Conforme José Eustáquio Diniz Alves:

> A economia verde implica a reconstituição das florestas, a defesa da biodiversidade, a promoção da agricultura sustentável, da aquacultura e dos recursos hídricos, assim como o planejamento urbano e a promoção de transporte e prédios sustentáveis. É uma economia que incentiva e articula a sociedade do conhecimento com o desenvolvimento sustentável, a criação de empregos verdes com o decrescimento das atividades poluidoras e possibilita o crescimento de novas oportunidades de renda, menor consumismo e maior inclusão social.[242]

242http://www.ecodebate.com.br/2011/01/06/economia-verde-e-inclusiva-na-rio-20-artigo-de-jose-eustaquio-diniz-alves/

Observe que esta nova ordem capitalista deve ser presidida pelo plexo dos direitos humanos, conjugados em todas as suas dimensões, o que, aliás, é prenunciado pelo Artigo 170 da Constituição Federal Brasileira, que determina o valor social do trabalho conjugado com a livre iniciativa assentada na soberania — aqui, este vocábulo adquire uma dimensão humanística em face da imperiosa necessidade do resgate dos valores fundamentais do ser humano, os denominados direitos humanos de primeira, segunda e terceira dimensão.

Com o fim da guerra fria, havia uma perspectiva de construção de uma nova ordem mundial, mais humana e cosmopolita, que ficou soterrada nos escombros do onze de setembro. Apesar disso, a conjugação das liberdades negativas — o direito à propriedade, um Direito que tem como características ser subjetivo e natural — com as liberdades positivas — os direitos sociais — e a paz social traz a oportunidade de construir um ambiente econômico onde os direitos humanos são reconhecidos como um pilar fundamental da ordem capitalista, impondo a satisfação das demandas humanísticas como predicado do estado democrático de direito. A recuperação da economia global, mormente após a grave crise financeira que atingiu o mundo em 2008, é um imperativo, um desafio a ser enfrentado.

Com o advento da globalização, ganharam notoriedade as chamadas agências de análise de risco, ou *rating*, como a Standard & Poor's e outras. Os países passaram a ser classificados em razão de seu grau de risco para o investidor estrangeiro. O chamado grau de investimento — *Investment Grade* — rótulo sob o qual se aninham os países cuja política econômica foi reconhecida como estável e propícia a investimentos, além de outros fatores relevantes, como a segurança jurídica, por exemplo, constitui assim o moderno Santo Graal, objeto de esforços intensos por parte das nações excluídas desse clube privilegiado e receptáculo do capital internacional convertido em investimento produtivo, não meramente especulativo. Por outro lado, as economias que não "rezam pela cartilha" ditada pelo Consenso de Washington e que se afastam do grau de investimento, recebendo uma classificação negativa das agências de risco, não desfrutam dos mesmos benefícios oferecidos pela comunidade internacional aos "primeiros da classe" — expressão empregada pelo então Presidente do Banco Central do Brasil, Armínio Fraga — e muitas vezes enfrentam crises financeiras, agravadas quando o país se recusa a seguir as recomendações de praxe para a correção de rumos e recuperação econômica.

Segundo Gilberto Dupas:

> A globalização contemporânea é uma força normativa que impõe diretrizes e políticas. Se elas conduzem a crises graves ou "becos sem saída" — a Argentina é caso exemplar — o país que assuma sozinho o risco de ter se comportado como lhe foi exigido. O sistema internacional, onde o sucesso dos seus atuais países foi muitas vezes erguido infringindo sistematicamente estas normas, "lava suas mãos". Por meio de instrumentos como o *Investment Grade*, decide-se quem se comportou de acordo com as expectativas. Os primeiros estão incluídos no jogo; os outros serão excluídos e sofrerão as duras sanções do fluxo de investimentos.[243]

Como conciliar esse dado da realidade, essa verdadeira exigência dos países ricos, preocupados apenas com a segurança de seu capital e com o retorno de seus investimentos, com a necessidade de uma maior distribuição dos ativos internacionais, visando à recuperação econômica (não somente pós-crise) das economias menos afortunadas, tendo por objetivo atender aos reclamos da dignidade da pessoa humana e da valorização social do trabalho? Em resumo, não se pode aplicar indiscriminadamente a Análise Econômica do Direito conforme a Escola de Chicago, conforme adverte Sayeg, pois "o neoliberalismo econômico, sem os freios e a calibragem humanistas, é tanto incapaz de corrigir as externalidades negativas públicas e universais como de harmonizar adequadamente as externalidades privadas não-equivalentes e reciprocamente consideradas. Tal calibragem é necessária e deve incidir sobre a universalidade do exercício dos direitos subjetivos naturais de propriedade, relativizando-os, ao invés de seguir o viés neoliberal, em que esse exercício tende ao absoluto".[244]

---

243 DUPAS, Gilberto. *O Grupo do Rio e a Globalização: Grupo de Reflexão de Alto Nível*. Org. Heloísa Vilhena de Araújo, Coleção Questões Internacionais, documento-base preparado para o Grupo de Reflexão de Alto Nível do G-Rio, pp. 81/82.

244 SAYEG, Ricardo Hasson; BALERA, Wagner. *Op. Cit.*, p. 178.

A resposta pode estar no velho e insepulto "Estado do Bem-Estar Social", como assinalam Maurício Godinho Delgado e Lorena Vasconcelos Porto:

> Nos países da Escandinávia, que historicamente têm sido e atualmente são economias tipicamente abertas, o setor público é grande, a tributação é elevada e as políticas sociais estão dentre as mais amplas do mundo em termos de necessidades abertas e população abrangida.
>
> (...)
>
> A Finlândia e a Suécia, por exemplo, recuperaram-se de forma relativamente rápida — e com um baixo custo social — das crises que sofreram no início na década de 1990, em grande medida graças às políticas sociais amplas e universais em vigor nesses países quando foram atingidos pela crise econômica.
>
> (...)
>
> As amplas políticas sociais têm sido vistas como um modo de se proteger os mercados de trabalho internos e os cidadãos do risco de exposição a uma economia internacional volátil. Essas políticas têm sido encaradas também como um meio de incrementar o 'capital humano' — fortalecendo, assim, as forças produtivas — e de contribuir para a estabilidade social e econômica, estimulando o investimento externo e o crescimento econômico.[245]

Essa concepção nos remete ao tópico seguinte: a criação de trabalhos dignos, conforme preconiza a Constituição Federal de 1988, que privilegia a valorização social do trabalho e a dignidade humana[246] como um dos princípios fundamentais da República.

É inegável que os avanços tecnológicos da segunda metade do século passado em diante, com o surgimento da sociedade da informação e seu aparato, impactaram o trabalho humano, reformulando as bases do modo de produção e suprimindo milhares de postos de trabalho, gerando novas oportunidades e riscos.

Nessas primeiras décadas do século XXI, a humanidade se transformou na chamada Sociedade de Informação: as mudanças que a informática propiciou no cotidiano das pessoas são verdadeiramente avassaladoras. Krishan Kumar, da Universidade de Kent, Inglaterra,

---

245 DELGADO, Maurício Godinho; PORTO, Lorena Vasconcelos. *O Estado de Bem-Estar Social no Século XXI*, pp. 91/92.
246 Vide CF/88

traça um panorama verdadeiramente revolucionário, se comparado à situação existente apenas 30 ou 20 anos atrás, mas que, na realidade, retrata tão somente uma série de fatos corriqueiros em nosso dia-a-dia:

> Seria insensato e tolo negar o que existe de real em muito do que afirmam os teóricos da sociedade de informação. As experiências comuns da vida diária são suficientes para confirmar esse fato. Bancos 24 horas, faturamento automático nas caixas de supermercados, o virtual desaparecimento de cheques e dinheiro na maioria das transações monetárias, processadores de texto e máquinas de fax, reservas de hotéis e passagens aéreas on-line, transmissão via satélite de qualquer parte do mundo, são fatos da vida diária para muitos segmentos da população nos países industriais avançados.[247]

Mas como essa revolução tecnológica e a sociedade de informação afetaram o trabalho humano? Esta é uma questão que demanda grandes esforços para ser adequadamente respondida. Apenas para ilustrar o tema aqui abordado, examinamos o panorama do Reino Unido nos últimos trinta anos, conforme análise realizada pelo sociólogo das Universidades de Leeds (Inglaterra) e Varsóvia (Polônia) Zygmunt Bauman:

> Esses últimos trinta anos, aproximadamente, foram de fato anos fecundos e decisivos na história do modo como foi moldada e mantida a sociedade "ocidental" — industrial, capitalista, democrática e moderna. É esse modo que determina os nomes que as pessoas tendem a dar a seus medos e angústias, ou às marcas nas quais elas suspeitam residir a ameaça à sua segurança. E esse modo — permitam-me repetir — sofreu uma alteração extremamente profunda.
>
> O próprio termo "desempregado", pelo qual os que não podem ganhar o próprio sustento costumavam ser descritos (e ainda o são, embora atualmente de uma maneira enganosa), transformou-os na exceção proverbial que confirma a regra — reafirmando, obliquamente, o princípio de que "estar empregado" é a norma que a situação de "estar sem trabalho" está transgredindo. Os "desempregados" eram o "exército de reserva da mão-de-obra". Temporariamente sem emprego por motivo de saúde, enfermidade ou dificuldades econômicas correntes, eles deviam ser preparados para reassumir o emprego quando ap-

---

247 KUMAR, Krishan. *Da Sociedade Pós-Industrial à Pós-Moderna*, pp. 54/55.

tos — e prepará-los era então, de um modo geral, a tarefa reconhecida e a incumbência explícita ou tácita dos poderes públicos.

Já não acontece desse modo. Exceto nos nostálgicos e cada vez mais demagógicos textos de propaganda eleitoral, os sem emprego deixaram de ser um "exército de reserva da mão-de-obra". As melhorias econômicas já não anunciam o fim do desemprego. Atualmente, "racionalizar" significa cortar, e não criar empregos, e o progresso tecnológico e administrativo é avaliado pelo "emagrecimento" da força de trabalho, fechamento de divisões e redução de funcionários.[248]

É evidente que esse quadro pode ser revertido, ou, ao menos, atenuado, em prol da dignidade do trabalho e, em última instância, do próprio ser humano. Os governos precisam empreender ações afirmativas no sentido de valorizar o emprego como móvel de desenvolvimento social e distribuição de renda: a criação de postos de trabalho deve ser a prioridade em toda e qualquer ação governamental; não se pode admitir crescimento econômico que não seja acompanhado do crescimento do emprego e do trabalho, do respeito ao meio ambiente e à dignidade humana.

Outro objetivo é a racionalização da produção agrícola, reduzindo o desperdício de alimentos em um mundo onde pessoas falecem por inanição. No passado recente, as teorias malthusianas faziam entrever um futuro sombrio, no qual predominaria a escassez de alimentos em razão do aumento populacional, que não seria acompanhado na mesma proporção pela produção de gêneros alimentícios. Todavia, em meados do século passado sobreveio a denominada Revolução Verde, que consistiu no desenvolvimento de técnicas agrícolas inovadoras. O resultado foi o aumento exponencial da produção de grãos e outros produtos agrícolas desde então. Embora existam condições de alimentar a população mundial, por fatores eminentemente econômicos e logísticos seres humanos ainda padecem do mal da desnutrição e das mazelas de que dele decorrem.

A Revolução Verde se fez sentir primeiramente na região Indiana do Punjab, até hoje uma grande produtora de grãos. No Brasil, apenas a título de exemplo, a EMBRAPA (Empresa Brasileira de Pesquisa Agropecuária) desenvolveu sementes adequadas às condições de

---

248 BAUMAN, Zygmunt. *O mal-estar da Pós-Modernidade*, pp. 49/50.

clima e solo do cerrado, abrindo mais uma grande fronteira agrícola que transformou o país no maior exportador de soja do mundo.

Essa fartura, no entanto, é enganosa. O aumento de áreas para a agricultura no cerrado brasileiro pode "empurrar" para a Amazônia os enormes rebanhos de gado lá existentes, criando um considerável passivo ambiental que a todo custo se deveria evitar. Na Indonésia, as enormes plantações da palmeira cujo fruto é usado na produção de azeite de dendê acarretaram um grande desmatamento da floresta equatorial ali existente. Há outros exemplos no mundo: parte da Austrália padece de um arrasador processo de desertificação, prejudicando a criação de gado e o plantio de produtos agrícolas.

Esses indicadores foram expostos apenas para exemplificar que as questões da produção de alimentos e seu acesso à população global estão longe de qualquer solução. É absurdamente vergonhoso que no século XXI milhões de seres humanos ainda sofram os males da subnutrição. Portanto, a redução do desperdício de alimentos, além de minimizar desastres ambientais facilmente previsíveis, ainda se coloca como uma relevante questão humanitária: não se pode desperdiçar aquilo que falta para significativa parcela da humanidade.

Poucos temas na atualidade suscitam tantos debates quanto a questão da economia das reservas de água doce, e trata-se de tema particularmente sensível para o Brasil, que possui parte das maiores bacias hidrográficas do mundo, além de 70% do chamado aquífero[249] Guarani, uma reserva subterrânea de 1,2 milhão de quilômetros quadrados de água.

As campanhas para o uso racional da água proliferam cada vez mais. Para além do consumo doméstico, chama atenção a quantidade de água utilizada para a produção de alimentos e manufaturados, nas atividades agropecuária e industrial. Há também a questão da ocupação humana nas áreas de mananciais — como ocorre na periferia da Cidade de São Paulo — e a do lançamento de resíduos poluentes em rios e lagos. Segundo Plauto Faraco de Azevedo:

A água tem-se ressentido da demanda incontrolada da indústria,

---

249 Formação ou grupo de formações geológicas que pode armazenar água subterrânea. Fonte: Wikipedia.

da agricultura, do turismo e do uso doméstico nos países ricos, tudo antecipando a possibilidade de sua severa escassez futura. Hoje, 1,4 bilhão de pessoas estão privadas do acesso à água potável. A utilização da água está a demandar a existência de uma autoridade capaz de regulamentá-la, em conformidade com os interesses do conjunto dos habitantes do planeta, harmonizando-os com os interesses particulares.

(...)

Reconhecendo a gravidade do assunto, a ONU, recomendou, em 1997, que se concedesse prioridade absoluta aos graves problemas de água doce com que se veem confrontadas numerosas regiões do mundo. Para isto, faz-se necessária a colaboração multilateral dos Estados e recursos financeiros adicionais provenientes da comunidade internacional.[250]

Não obstante a advertência das Nações Unidas, não se vislumbra ainda a denominada colaboração multilateral de países para solucionar o problema do abastecimento de água doce. No Brasil, a água é considerada bem de domínio público — o Artigo 20 da Constituição da República declara que são bens da União, entre outros, "os lagos, rios e quaisquer correntes de água em terrenos de seu domínio ou que banhem mais de um Estado, sirvam de limites com outros países ou se estendam a território estrangeiro ou dele provenham, bem como os terrenos marginais e as praias fluviais", ao passo que o Artigo 26 declara que pertencem aos Estados da Federação "as águas superficiais ou subterrâneas, fluentes, emergentes e em depósito (...)".

No plano da legislação brasileira infraconstitucional, destaca-se a Lei Federal n.º 9.533, de 08 de janeiro de 1997, que instituiu a Política Nacional de Recursos Hídricos, e que parte dos fundamentos de que "a água é um bem de domínio público" e "a água é um recurso natural limitado, dotado de valor econômico". Por ser um recurso natural limitado, e maltratado, a água exige um tratamento mais sério, voltado ao seu uso racional e ao estabelecimento de medidas para evitar seu desperdício.

No campo da energia, a demanda internacional é por fontes de energia renováveis e com nenhum impacto ambiental — energia "limpa", como a solar e a eólica, entre outras. A utilização da energia advinda dos hidrocarbonetos — gás e petróleo —, embora predominante no glo-

---

250 AZEVEDO, Plauto Faraco de. *Ecocivilização – Ambiente e direito no limiar da vida*, pp. 99/100.

bo, tem sido passível de críticas por seu potencial poluidor. Além disso, a prospecção e extração de petróleo e gás são atividades que possuem impacto ambiental muito grande. Felizmente, as notícias sobre grandes vazamentos de óleo perderam espaço nos noticiários. Sem embargo, o que hoje se discute é o custo ambiental para a exploração do petróleo e do gás no mar e em reservas florestais. Recentemente, os jornais deram conta de que o Equador criou uma reserva florestal na parte que lhe cabe da Floresta Amazônica, cujo subsolo é rico em petróleo — que não será extraído — em troca de compensações ambientais oferecidas pela Comunidade Internacional.

Com o desenvolvimento do biodiesel, o Brasil se coloca na vanguarda das pesquisas sobre fontes alternativas de energia. O marco regulatório é a Lei n.º 11.097, de 13 de janeiro de 2005, que introduziu o biodiesel na matriz energética brasileira, que estabelece no artigo 2º: "fica introduzido o biodiesel na matriz energética brasileira, sendo fixado em 5% (cinco por cento), em volume, o percentual mínimo obrigatório de adição de biodiesel ao óleo diesel comercializado ao consumidor final, em qualquer parte do território nacional".

De acordo com o portal oficial do Governo Federal, "Biodiesel é um combustível biodegradável derivado de fontes renováveis, que pode ser obtido por diferentes processos tais como o craqueamento e a esterificação. Pode ser produzido a partir de gorduras animais ou de óleos vegetais, existindo dezenas de espécies vegetais no Brasil que podem ser utilizadas, tais como mamona, dendê (palma), girassol, babaçu, amendoim, pinhão, manso e soja, dentre outras".[251] Mas o biodiesel não é o único biocombustível disponível no país. O etanol, oriundo da cana de açúcar, ocupa destacado papel nesse panorama. Segundo matéria publicada no Portal da FAPESP, intitulada "Etanol em Pauta", de 2 de junho de 2009, o Brasil é o maior produtor de cana de açúcar do mundo, tendo produzido e processado 496 milhões de toneladas na safra de 2007/2008, sendo o único país do mundo que mistura até 25% do etanol à gasolina. Em entrevista publicada na matéria citada, o então Governador de São Paulo, José Serra, mencionou que "entre 2004 e 2008, a frota de veículos *flex fuel* no Estado economizou cerca de 35 milhões de toneladas de CO^2, que deixaram de ser emitidos na atmosfera. A utilização

---

251 www.biodiesel.gov.br

do etanol por essa frota equivaleria ao plantio de cerca de 110 milhões de árvores".[252]

No tocante à crise climática, para a questão do aquecimento global já existe um alerta mundial, disseminado principalmente após a publicação do livro e posterior documentário de mesmo nome "Uma Verdade Inconveniente", do ex-vice-presidente norte-americano Al Gore. Com efeito, a emissão de gases de efeito estufa e o desmatamento de florestas, entre outros fatores, contribuíram para a configuração da problemática do clima no novo milênio e seu principal corolário, o aquecimento global. O tema rende infindáveis polêmicas, que vão desde a recusa dos EUA a firmar o Protocolo de Kyoto[253] ao crescimento da economia chinesa, com suas consequências nefastas em termo de emissão de poluentes e danos ao meio ambiente.

O governo brasileiro não pode optar pelo caminho mais fácil: limitar-se a criticar os países mais ricos — em tese, aqueles que mais contribuem para o recrudescimento do aquecimento global. Estatísticas recentes evidenciam que o Brasil é um dos principais emissores do planeta em razão das queimadas e do desmatamento da Floresta Amazônica, que segue em ritmo galopante, a despeito de toda a retórica de nossos dirigentes e ministros do meio ambiente.

De qualquer forma, o país deu um passo importante ao publicar para consulta pública, em setembro de 2008, o denominado Plano Nacional sobre Mudança do Clima – PNMC, de autoria do Comitê Interministerial sobre Mudança do Clima do Governo Federal. De acordo com a Introdução do Plano, cuja íntegra encontra-se disponível na internet para consulta pública:

> A mudança global do clima é um dos mais significativos desafios da atualidade. O Plano Nacional sobre Mudança do Clima pretende incentivar o desenvolvimento das ações do Brasil colaborativas ao esforço mundial de combate ao problema e criar as condições internas para o enfrentamento de suas consequências.
> (...)
> A mudança do clima é o resultado de um processo de acúmulo de gases de efeito estufa na atmosfera, que está em curso desde a re-

---

252 http://www.agência.fapesp.br
253 http://www.onu-brasil.org.br/doc_quioto.php

volução industrial. Os países apresentam diferentes responsabilidades históricas pelo fenômeno, segundo os volumes de suas emissões antrópicas. Isto contribui para a definição, hoje, de responsabilidades comuns, porém, diferenciadas, que norteiam, por um lado, as obrigações de países desenvolvidos e, por outro, de países em desenvolvimento no âmbito da Convenção — Quadro das Nações Unidas sobre Mudança do Clima (CQNUMC). Cabe ao Brasil harmonizar suas ações nesse campo com os processos de crescimento socioeconômico, no marco do desenvolvimento sustentável.[254]

Os objetivos do Plano Nacional sobre Mudança do Clima são, pela ordem, o aumento da eficiência dos setores produtivos, com melhores práticas; a elevação da participação de energia renovável na matriz elétrica brasileira; o aumento da participação dos biocombustíveis na matriz de transportes brasileira; a redução das taxas de desmatamento; a eliminação da perda líquida na área de cobertura florestal no país e o desenvolvimento de pesquisas científicas, para que se possa traçar uma estratégia que minimize os custos socioeconômicos de adaptação do país. O desafio se encontra na busca de soluções para esses problemas. Como pudemos ver, o Brasil tem envidado esforços, notadamente na área de biocombustíveis e energia renovável, e também na recuperação do crescimento e na busca pela melhoria do clima com base em um plano de ações concretas.

Registre-se que essa ação para a busca de um novo modelo de economia de mercado não tem ficado apenas no plano de iniciativas isoladas deste ou daquele governo. O Tratado de Lisboa de 2007 e suas posteriores alterações demarcam a preocupação da União Europeia na busca de um novo modelo econômico, pois de forma categórica afirma a positivação constitucional do capitalismo de mercado com abrangência aos direitos humanos, como adiante:

> Artigo 2º
> 1.   A União tem por objetivo promover a paz, os seus valores e o bem-estar dos seus povos.
> 2.   (...)
> 3. A União estabelece um mercado interno. Empenha-se no desenvolvimento sustentável da Europa, assente num crescimento eco-

---

254 http://www.mma.gov.br/estruturas/169/_arquivos/169_29092008073244.pdf

nômico equilibrado e na estabilidade dos preços, numa economia social de mercado altamente competitiva que tenha como meta o pleno emprego e o progresso social, e num elevado nível de proteção e de melhoramento da qualidade do ambiente. A União fomenta o progresso científico e tecnológico.[255]

Ou seja, a União Europeia em seu repertório de tratados menciona expressamente o desenvolvimento sustentável e a economia social de mercado, que transposta para o cenário deste trabalho nada mais é que o deslocamento da economia para o ser humano, e não este para aquela. A economia social de mercado alia-se ao desenvolvimento sustentável, sendo, em síntese, a afirmação de uma economia sustentável voltada ao ser humano, criando condições para sua perenização sobre a face da terra garantindo os recursos naturais para as presentes e futuras gerações, o que demonstra de maneira cabal a possibilidade de uma ordem econômica capitalista voltada para o individuo, respeitando seus direitos sociais e o meio ambiente em que se encontra.

O Programa das Nações Unidas para o Meio Ambiente (PNUMA) reuniu, em 625 páginas, estudos e análises que pretendem estabelecer os parâmetros de uma economia verde, onde propõe que sejam destinados o equivalente a 2% do Produto Interno Bruto Mundial para sua construção. O relatório "Rumo a uma Economia Verde: Caminhos para o Desenvolvimento Sustentável e a Erradicação da Pobreza — Uma Síntese para Tomadores de Decisão", uma contribuição aos debates da Rio+20, é uma análise dos investimentos públicos e privados visando à reconversão da base industrial com a utilização mínima de carbono, com a geração de postos de trabalho que substituirão as ocupações tradicionais relacionadas ao atual modelo de exploração econômica. O manejo sustentável de florestas e agricultura poderá preservar a fertilidade dos solos e dos aquíferos, e seu objetivo é a proteção de 1,3 bilhão de pessoas que hoje dependem da agricultura familiar de subsistência e possuem um grau maior de vulnerabilidade. Busca o desenvolvimento sustentável promovendo o crescimento econômico tanto em regiões que hoje apresentam um risco ambiental maior — onde as populações estão desassistidas dos serviços básicos como energia, água e saneamento

---

255 http://europa.eu/lisbon_treaty/index_pt.htm

— como em outras com um grau de desenvolvimento econômico mais acentuado, mas que necessitam adotar novos padrões de consumo que agridam de forma menos intensa o meio ambiente ecológico.

Os dez setores que o relatório identifica como fundamentais para tornar a economia global verde são: agricultura, construção, abastecimento de energia, pesca, silvicultura, indústria, turismo, transportes, manejo de resíduos e água (Anexo I).

Conclusão
Outra ordem jurídica é possível

Desde que o gênero humano, nos tempos primevos,[256] começou a vagar sobre a face da terra, agrupando-se com outros seres de sua espécie e formando os primeiros assentamentos, houve, ainda que de forma incipiente, a necessidade de regular a incipiente vida social através da divisão social do trabalho e, principalmente, da limitação das relações sociais. Na verdade, pouco ou nada se sabe desse período, cabendo à

---

256 "Sendo o corpo do homem selvagem o único instrumento que ele conhece, emprega-o em diversos usos, para os quais, por falta de exercício, os nossos são incapazes; e é nossa indústria que nos tira a força e a agilidade que a necessidade o obriga a adquirir. Se tivesse um machado, seu pulso quebraria tão fortes galhos? Se tivesse uma funda, lançaria com a mão uma pedra com tanta força? Se tivesse uma escada, treparia tão ligeiro numa árvore? Se tivesse um cavalo, seria tão rápido na carreira? Deixai ao homem civilizado tempo para reunir todas essas máquinas em torno de si, e não se pode duvidar que ultrapasse facilmente o homem selvagem, mas quereis ver um combate ainda mais desigual, ponde-os nus e desarmados um diante do outro, e reconhecereis logo qual é a vantagem de ter sempre todas as suas forças à imposição, de estar sempre pronto para toda eventualidade e de se trazer sempre, por assim dizer, todo consigo . Hobbes pretende que o homem é naturalmente intrépido e não procura senão atacar e combater. Um filósofo ilustre pensa, ao contrário, e Cumberland e Pufendorf também o afirmam, que nada é tão tímido como o homem em estado de natureza, sempre trêmulo e prestes a fugir ao menor ruído que o impressione, ao menor movimento que perceba. Pode ser assim em relação aos objetos que não conhece; e não duvido que ele não se impressione com todos os novos espetáculos que se lhe ofereçam, todas as vezes que não pode distinguir o bem do mal físicos que deve esperar, nem comparar suas forças com os perigos que deve correr, circunstâncias raras no estado de natureza, em que todas as coisas marcham de maneira tão uniforme, e em que a face da terra não está sujeita a essas mudanças bruscas e contínuas que causam as paixões e a inconstância dos povos reunidos" (ROUSSEAU, Jean-Jacques. "Discurso sobre esta questão proposta pela Academia de Dijon: Qual é a origem da desigualdade entre os homens, e se é autorizada pela lei natural").

antropologia a investigação científica e a especulação sobre o modo de vida da época.

É certo, porém, quer seja por designação de um ente superior no imagético coletivo, ou mesmo pela utilização da simples força bruta, que alguém se avocou entre todos como destinatário da missão de centralizar e liderar as relações sociais e políticas do grupo, criando uma normativa rudimentar alimentada pela superstição, formando a tradição oral e fornecendo às gerações vindouras o caldo de cultura que solidificaria as relações intergrupais. Dessa forma, surge em primeiro lugar a economia,[257] como modo de reprodução das relações de subsistência, seguida pela religião, como elemento formador da superestrutura ideológica a fornecer o substrato pelo qual transitariam as relações de poder. Como consequência, surge o Direito, para normatizar o precário "*ethos* social", visando o equilíbrio das tensões intersociais. E assim, o homem foi se organizando socialmente, construindo um direito positivado de modo a garantir a harmonia social, conforme observa Jónatas E. M. Machado;[258] ou, como observa Hobbes,[259] a transição do estado

---

257 Cf. Vide Willis Santiago, Curso de Doutorado da Pontifícia Universidade Católica, Filosofia 4.

258 Mais recentemente, alguns estudiosos apontam para a existência de um verdadeiro sistema de Direito Internacional na antiguidade, no Médio Oriente, durante os Impérios do Egito, Babilônia, Assíria, dos Hititas, com os quais coexistiu o povo de Israel. Igualmente relevante é o período das Cidades-Estado gregas, até sua absorção pelo Império Macedônio de Alexandre Magno. Também são referidos os Estados Indianos dos períodos pós-Védicos e a época das potências mediterrâneas como Roma, Cartago, Síria, Macedônia e Egito. Era clara a percepção, de fundo religioso, de princípios universais de origem divina, que devem ser respeitados por todos os povos, mesmo em caso de guerra. Heródoto relata que Xerxes se recusou a matar dois mensageiros espartanos depois de Esparta ter assassinado os enviados persas do seu antecessor Dário, por considerar que semelhante ato de retaliação constituiria uma violação das normas que todos os homens têm em comum. Todavia, a antiguidade fornece exemplos muito contraditórios. A chamada "Paz Cartaginesa", por exemplo, consistia na execução de toda uma população derrotada, sem qualquer distinção entre militares e civis (Direito Internacional, do Paradigma Clássico ao Pós-11 de Setembro, p. 50).

259 "Isso equivale a dizer: designar um homem ou uma assembleia de homens como portador de suas pessoas, admitindo-se e reconhecendo-se cada um como autor de todos os atos que aquele que assim é portador de sua pessoa praticar ou levar à prática, em tudo o que disser respeito à paz e à segurança comuns; todos submetendo desse modo as suas vontades À vontade dele, e as suas decisões à sua decisão; isto é mais do que consentimento ou concórdia, é uma verdadeira unidade de

da natureza para um pacto coletivo, seja na forma de uma república por instituição, seja por uma representação monárquica.

Assim, o Direito, como precária noção de limite da vida humana em sociedade, é um instrumento de regulação e, para alguns, em uma leitura marxista da sociedade, um modo de dominação das relações de poder. Mas exatamente nesse momento surgem, ainda que não se compreenda a sua essência ou dimensão, os direitos humanos em sua forma mais elementar, consubstanciados no direito básico e primeiro, o da vida, conforme anota o próprio Hobbes na obra citada.[260]

Temos em Dalmo Dallari um conceito bastante preciso acerca da noção de direitos humanos, que se expressa da seguinte forma: "A cidadania expressa um conjunto de direitos que dá à pessoa a possibilidade de participar ativamente da vida e do governo de seu povo. Quem não tem cidadania está marginalizado ou excluído da vida social e da tomada de decisões, ficando numa posição de inferioridade dentro do grupo social".[261]

Importante observação é elaborada por Ferreira Filho, que menciona:

> Na raiz do constitucionalismo estão os direitos naturais. Com efeito, os grandes pensadores que inspiraram, como Locke e Rousseau, deram atenção preeminente à questão dos direitos naturais. O reconhecimento destes num hipotético estado de natureza foi o ponto de partida de suas mais importantes elucubrações. Central no seu pensamento era a passagem desse estado de natureza para o estado social, que somente visualizavam por meio de um pacto — o pacto social.[262]

---

todos eles, numa só e mesma pessoa, realizada por um pacto de cada homem com todos os homens, de um modo que é como se cada homem dissesse a cada homem: autorizo e transfiro o meu direito de me governar a mim mesmo a este homem, ou a esta assembleia de homens, com a condição de transferires para ele o teu direito, autorizando de uma maneira semelhante todas as suas ações. Feito isto, à multidão assim unida numa só pessoa chama-se REPÚBLICA, em latim CIVITAS. É esta a feração daquele grande Leviatã, ou antes (para falar em termos mais relevantes) daquele Deus mortal, ao qual devemos, abaixo do Deus imortal, a nossa paz e defesa" (HOBBES, Thomas. *Leviatã*, p.147).

260 Idem.

261 DALLARI, Dalmo. *Direitos Humanos e Cidadania*, p.14.

262 FILHO, Manoel Gonçalves Ferreira. *Princípios Fundamentais do Direito Constitucional*.

Flávia Piovesan registra a seguinte observação: "Enquanto reivindicações morais, os direitos humanos nascem quando devem e podem nascer".[263] Como realça Norberto Bobbio, os direitos humanos não nascem todos de uma vez e nem de uma vez por todas. Para Hannah Arendt, os direitos humanos não são um dado, mas um construído, uma invenção humana, em constante processo de construção e reconstrução. Compõem um construído axiológico, fruto da nossa História, de nosso passado, de nosso presente, a partir de um espaço simbólico de luta e ação social. Nas palavras de Joaquim Herrera Flores, os direitos humanos compõem a nossa racionalidade de resistência, na medida em que traduzem processos que abrem e consolidam espaços de luta pela dignidade humana. Realçam, sobretudo, a esperança de um horizonte moral, pautado pela gramática da inclusão, refletindo a plataforma emancipatória de nosso tempo.

O marco atual da globalização aponta para um modelo insustentável de economia, no qual há predomínio do mercado em relação a tudo e a todos, o que desloca a centralidade da pessoa humana na história, apontando como única solução a maior liberalização da economia, ou, quando não isso, o socorro financeiro do Estado com os recursos dos contribuintes, opondo ao fundamentalismo econômico todos os direitos humanos básicos.

Dentro dos marcos do capitalismo atual, não há resposta suficiente para garantir a realização dos direitos humanos em todas suas dimensões, calibrando o direito à propriedade com o primado dos direitos positivos e justiça social. O capitalismo liberal não foi capaz de garantir minimamente a sobrevivência de milhões de seres humanos na face da terra, produzindo com isso uma distorção de paradigma sem precedentes. A economia globalizada, interdependente, acentuou as desigualdades sociais.

A acumulação e concentração de capitais nas mãos de poucos teve como resultado o aumento da miséria e um meio ambiente degradado, conforme conclamação pública da humanidade pelas organizações do sistema das Nações Unidas,[264] com vistas a uma atitude respon-

---

263 PIOVESAN, Flávia. *Globalização – Desafios e Implicações para o Direito Internacional Contemporâneo*, pp. 370/371.
264 The Basel Convention on the Control of Transboundary Movements of Hazar-

sável e à construção de uma nova economia baseada na sustentabilidade e na aplicação dos direitos humanos, conforme abaixo se transcreve, uma citação que merece ser esmiuçada, dada a capital importância dos assuntos abordados:

> O aspecto central da fundação dos novos marcos econômicos é a criação de novos polos econômicos que poderão contribuir para a recuperação da economia, criação de trabalhos decentes, reduzir o desperdício de alimentos, água, energia, a crise do clima e do ecossistema, os quais geram um impacto desproporcional na miséria. Estimular os investimentos nos setores de energia renovável, tecnologias eficientes, turismo ambiental, agricultura sustentável e o manejo ótimo dos recursos naturais, incluindo a biodiversidade e o ecossistema, reflete a convicção de que a economia verde pode criar novas empresas e negócios, empregos de qualidade e um crescimento sustentável, mitigando e adaptando a mudanças climáticas e o declínio da biodiversidade.[265]

Nesse mesmo sentido, vale anotar a Convenção de Viena de 1993, que expressa em seu item 5° que "Todos os Direitos do homem são universais, indivisíveis, interdependentes e inter-relacionados. A comunidade internacional tem que considerar globalmente os Direitos do Homem, de forma justa e equitativa e com igual ênfase. Embora se deva ter sempre presente o significado das especificidades nacionais e regionais e os antecedentes históricos, culturais e religiosos, compete aos Estados, independentemente dos seus sistemas político, econômico e cultural, promover e proteger todos os Direitos do homem e liberda-

---

dous Wastes and their Disposal (BASEL CONVENTION); The Convention on International Trade in Endangered Species of Wild Fauna and Flora (CITES); International Labour Organization (ILO); International Maritime Organization (IMO); United Nations Environment Programme (UNEP); United Nations Educational, Scientific and Cultural Organization (UNESCO); United Nations (UN); UNITED NATIONS Economic Commission for Europe (UNECE); UNITED NATIONS Economic and Social Commission for Asia and the Pacific (ESCAP); United Nations Framework Convention on Climate Change (UNFCCC); United Nations Human Settlements Programme (UN-HABITAT); United Nations Industrial Development Organization (UNIDO); World Bank Group; World Intellectual Property Organization (WIPO); World Meteorological Organization (WMO); World Trade Organization (WTO); United Nations World Tourism Organization (UNWTO).
265 http://www.wto.org/spanish/news_s/news09_s/igo_30jun09_s.htm

des fundamentais". [266]

Portanto, a luz do anteriormente exposto, é licito concluir:

a) A soberania não está em seu crepúsculo; apenas busca uma nova dimensão na ordem capitalista, cujo corolário é o mercado; ao longo da história, desde os tempos imemoriais do monarca absoluto, tem transitado de um polo a outro, de modo a assegurar o poder econômico e político da formação capitalista; a globalização impôs às nações um novo marco civilizatório, no qual o centro de decisão deixa de ser a democracia representativa para se fixar em outro centro de poder, como é o caso das Organizações Internacionais, Comitês de Investimento, entre outros, conforme afirma Pedro Serrano;[267] essa cessão de soberania foi ato consentido entre os países integrantes da nova divisão internacional do trabalho, com o propósito exclusivo de integrar a onda globalizante que se iniciou a partir da década de 1970; Andrew Hurrell aponta que a governança mundial tem diante de si dois grandes desafios: como compartilhar os interesses comuns; e como administrar as diferenças oriundas das assimetrias dos países e as desigualdades do poder; responder estas questões será o caminho para construir a convergência nas relações internacionais;

b) A globalização, como modelo econômico de distribuição e criação de riquezas, falhou em duas dimensões: a (I) econômica, porquanto a supremacia do mercado sobre todas as coisas provou-se mera fabulação — a presente crise demonstra a necessidade cabal de criação de mecanismos interventores, plasmados numa ordem jurídica na qual o Estado assuma seu papel interventor e dirigente da economia, interferindo e organizando os fluxos de capitais e os investimentos; e a (II) humana, porquanto afastou o ser humano do centro das decisões políticas, entregando ao mercado a centralidade da política — ao afastar o humano e preferir a abusiva lucratividade, as regras jurídicas foram violadas, criando insegurança, criminalidade, desemprego e toda sorte de mazelas trazidas pelo processo de miséria e pobreza de milhões de seres humanos, problema já detectado pelo intelectual mexicano Octavio Paz, que a ele se refere como a "sublevação dos particularismos";[268]

c) Uma nova ordem econômica deve ser erigida tendo como centro de sua atividade o ser humano, estimulando a criação de instru-

---

266 http://www.dhnet.org.br/direitos/anthist/viena/viena.html
267 SERRANO, Pedro Estevam A. P. *O Desvio do Poder na Função Legislativa.* Col. Juristas da Atualidade.
268 PAZ, Octavio. *Obras Completas.*

mentos sustentados por novas tecnologias e assentada no primado dos Direitos Humanos, o que, pela diversidade cultural dos países, representa em si um novo desafio; a partir de uma visão laica, os Direitos Humanos são direitos naturais; resgatam a noção aristotélica da sociedade, suas regras de convívio e instituições como a manifestação da política em sua expressão máxima, classificando a experiência humana em dois estágios: o pré-político e o político — transição vivenciada pelo pensador medieval Samuel Pufendorf,[269] construtor da segunda fase dos direitos naturais e um dos fundadores da Escola de Direitos Naturais e das Gentes no século XVII;

d) A alternativa para uma globalização humanística encontra fundamento no Direito, e não na economia; somente uma economia que tenha como centro o bem-estar social, presidida pelos Direitos Humanos, será capaz de mitigar os graves problemas advindos da ausência de mecanismos legais, uma realidade onde a exorbitância e o hedonismo ocuparam o centro da agenda mundial; enquanto o mercado for o destinatário do atual curso da História, todas as demais questões ligadas à sobrevivência das espécies sobre a terra serão periféricas, uma vez que o lucro será a razão central da experiência humana sobre o planeta;

e) Essa opção existe, e já vem sendo refletida por setores da governança mundial: é a denominada Economia Verde, que busca compatibilizar desenvolvimento econômico e sustentabilidade; de outro modo, é possível a existência de uma economia globalizada, desde que a produção capitalista se assente em marcos civilizatórios que garantam às presentes e futuras gerações os recursos naturais, de maneira a permitir uma existência digna para todos; o sistema de Organizações Internacionais capitaneado pela ONU, em declaração já citada, clamou pela construção de uma nova ordem capitalista como única alternativa racional;

f) As demais experiências históricas que buscaram construir uma alternativa ao modo de produção capitalista — ou seja, o socialismo real — revelaram-se um rotundo fracasso, pois o ser humano transmudou sua individualidade para um coletivo abstrato, tornando-se periférico, mero espectador da História; como modo de formação e produção, o capitalismo pode ser alterado, conforme vem sendo discutido nos círculos acadêmicos, para um capitalismo humanista, nos termos preconizados do Artigo 170 da Constituição Federal brasileira;

g) Por último, qualquer formação política que busque ser uma al-

---

269 VON PUFENDORF, Samuel. *Two books of the elements of universal jurisprudence.*

ternativa, ainda que reformista, ao modelo atual, deverá se assentar nas três dimensões dos direitos humanos, a garantir as liberdades positivas e negativas e a justiça social; somente o equilíbrio reflexivo entre todas essas dimensões de direitos humanos será capaz de garantir um capitalismo onde o destinatário final da economia e do direito será o ser humano; como uma metáfora, poderíamos afirmar que o direito é um imenso tapete, com milhares de fios e tramas unidos de ponta a ponta, com diversas formas e desenhos; todavia, unindo uma ponta à outra como se o dobrássemos, teríamos um fio de espécie única: este seria o dos direitos humanos, independentemente do desenho, espessura, trama, tamanho e forma.

Os defensores do neoliberalismo advogam a visão dessa formação, por conta de propiciar um regime de economia ótima, com a acumulação de riquezas e progresso econômico. No entanto, a questão da centralidade humana como destinatária da experiência histórica e o comprometimento com os direitos humanos lhes parecem questões irrelevantes, ou meramente acadêmicas. Dentro de uma perspectiva puramente humanista, e nos marcos da formação capitalista atual, afirmamos que é possível conjugar a expansão da economia com o primado dos direitos humanos, assim entendido como a aplicação de um modelo que apoie a expansão capitalista, apoiado na sustentabilidade econômica, ou, mais rigorosamente, na economia verde como já afirmado, garantindo o desenvolvimento econômico, político social e cultural do homem.

Portanto, na formulação de uma tópica econômica, nos termos preconizados por Giddens, teremos a construção da doutrina jurídica de uma nova formação capitalista, construindo uma isonomia que ultrapasse a mera formalização de uma concepção dogmática humanística e onde a contrapartida do Estado possa ser demandada pelos cidadãos como um patrimônio de todos os seres humanos, sem distinções: a isso se denomina uma visão laica e progressista do direito, cujo primeiro e único destinatário é a humanidade.

Ainda em Giddens temos:

> Num grau considerável, estamos nas mãos de nossos líderes políticos. Tornou-se habitual sermos céticos em relação à política, mas o campo político preserva sua capacidade de inspirar. O uso da capa-

cidade política nacional e internacional será essencial para lidarmos com os dilemas enfrentados. Como já afirmei, dois países, os Estados Unidos e a China, têm a capacidade de ratificar ou destruir as nossas chances de sucesso. É claro que a cooperação bilateral, mesmo nesse caso singular, só poderá fazer-nos avançar até certo ponto. Se algum dia já houve um problema que clamasse pela cooperação multilateral, com a participação de todos os países do mundo, trata-se da mudança climática. Tal como sucede com as políticas internas dos países, o "como" é mais importante do que o "o quê". O estabelecimento de metas não terá grande impacto, porém muitas outras formas de colaboração poderão exercê-lo. O compartilhamento das descobertas científicas, a transferência de tecnologia, a auxílio direto que parte de certas nações para outras e uma multiplicidade de outras atividades de colaboração, tudo isso constitui o caminho a seguir.[270]

Em apertada síntese, são estas as observações que caberiam nesta conclusão, uma afirmação da viabilidade de uma globalização possível, que teria como modelo a economia verde, sustentável e distributiva, centrada nos direitos humanos em todas as suas dimensões.

---

270 GIDDENS, Anthony. *A Política da Mudança Climática*, pp. 277/278.

Anexo I

A Conferência das Nações Unidas sobre Desenvolvimento Sustentável — conhecida como Rio +20, encerrada com a divulgação de documento final reduzido de 200 para apenas 49 páginas, sob o titulo "O
Futuro Que Queremos"[271] — dividiu opiniões: de um lado, a posição
solidamente defendida pelo governo brasileiro, reafirmando o avanço
das negociações; e, de outro, a do conjunto de Organizações Não Governamentais, apontando a timidez das decisões e sua pouca eficácia na
contenção dos graves problemas ambientais.

O grande debate instalado após a Rio +20 contrapõe duas visões
fundamentais para o processo de sustentabilidade, a funcionalista e a
intencionalista.

A funcionalista, que advoga o avanço na inclusão do desenvolvimento sustentável com erradicação da pobreza, e identifica pontos relevantes no documento final, estabelece uma distinção entre a denominada "economia verde" e a economia sustentável, esta assentada em três pilares fundamentais: o primeiro identifica o ser humano como elemento
central da aventura histórica sobre a face da terra, afirmando, portanto,
que a economia verde deve ser socialmente sustentável, ou seja, voltada
para atender às demandas do homem em seu contexto vivencial, assim
compreendidos os aspectos sociológicos, antropológicos e sociais que o
cercam; o segundo diz respeito à sustentabilidade da economia regida
por parâmetros que a organizem, rompendo com a visão liberal de que
é o mercado, através de seus agentes, que a autorregulam, uma visão que
de certa forma regride ao estado do bem-estar social, pois contém um

---

271 htpp://www.uncsd2012.org/thefuturewewant.html

forte viés antiliberal e antiglobalização, no qual o mercado organiza a sociedade, estabelecendo padrões de riqueza e uma ordem autorregulável; e o terceiro e último, segundo o qual a economia deve ser ecologicamente sustentável, tendo como parâmetro as dimensões ecológicas do trabalho, da produção e do consumo. O atual crescimento econômico ignora o esgotamento dos recursos naturais, em grande parte irreversível, que prejudica as presentes e futuras gerações, adotando um novo parâmetro para medir a riqueza, o Índice de Riqueza Inclusiva — IRI.[272]

Atualmente, utiliza-se dois parâmetros econômicos e de desenvolvimento: o Produto Interno Bruto (PIB)[273] e o Índice de Desenvolvimento Humano (IDH)[274], que contabilizam uma gama de ativos como o capital manufaturado, humano e natural, classificando através dessa metodologia a riqueza das nações e a sustentabilidade de seu crescimento.

O indicador IRI foi divulgado no *Relatório de Riqueza Inclusiva 2012*, uma iniciativa conjunta lançada na Rio +20 pelo Programa Internacional de Dimensões Humanas sobre Mudança Ambiental Global[275] organizado pela Universidade das Nações Unidas e pelo Programa das Nações Unidas para o Meio Ambiente (PNUMA), possibilitando aos formuladores de políticas publicas o exame do capital natural e permitindo igualmente observar sua redução. Ainda que seu desgaste possa ser compensado pelo acúmulo de capital manufaturado e humano, os recursos naturais são esgotáveis, não passiveis de reposição. Portanto, a adoção do novo índice macroeconômico demanda a transmutação dos parâmetros de riqueza, adotando como um de seus indicadores a reserva de estoques ambientais.

O relatório, que será bienal, traz as seguintes recomendações:

· países que observam retornos decrescentes no capital natu-

---

272 *IWR na sigla em inglês*
273 **Produto interno bruto** (**PIB**) é um índice macroeconômico , que representa a soma (em valores monetários) de todos os bens e serviços finais produzidos numa determinada região durante um período.
274 Índice de Desenvolvimento Humano (IDH) é uma medida comparativa usada para classificar os países por seu grau de desenvolvimento humano. Atualmente, os países integrantes do sistema ONU são classificados de acordo com essas medidas.
275 UNU-IHDP, na sigla em inglês.

ral devem investir em capital natural renovável para melhorar o seu IRI e o bem-estar dos seus cidadãos;[276]

· as nações devem incorporar o IRI para incentivar a criação de políticas sustentáveis;

· os países devem acelerar o processo de transição de uma estrutura contábil, baseada em renda, para uma estrutura contábil de riqueza;

· governos e organizações internacionais devem estabelecer programas de pesquisa para calcular os principais componentes do capital natural, particularmente ecossistemas.

A economia sustentável, além da verde, ganhou a coloração azul, uma referência aos oceanos[277] e às águas,[278] que fazem parte da pauta de sustentabilidade. A fragilidade e interdependência dos ecossistemas oceânicos, bem como as atividades predatórias humanas, têm obtido visibilidade nas últimas décadas. A mudança climática e seus diversos impactos nos mares, causando até mesmo a destruição do ecossistema marinho, a gradativa perda da biodiversidade e a degradação do ambiente natural, incluindo a pesca industrial e destrutiva, tem sido profunda, determinando pela primeira vez sua inclusão nos documentos oficiais.

Segundo o sítio eletrônico da Rio +20,[279] temos em fatos e números:

> Os oceanos cobrem três quartos da superfície do planeta. Representam 97% de toda a água existente na Terra e 99%, em volume, de todo espaço habitável do mundo.
>
> Mais de três bilhões de pessoas dependem da biodiversidade marinha e costeira para sua subsistência.
>
> Em termos globais, o valor de mercado de recursos marítimos, costeiros e das indústrias que deles dependem é estimado em 3 trilhões de dólares anuais, ou cerca de 5% do PIB global.
>
> Os oceanos contêm aproximadamente 200 mil espécies identifi-

---

276 Reflorestamento e biodiversidade agrícola.
277 http://www.uncsd2012.org/rio20/index.php?page=view&type=400&nr=216&menu=45
278 http://www.un.org/en/sustainablefuture/water.shtml
279 http://www.ofuturoquenosqueremos.org.br/oceans.php

cadas, mas o verdadeiro número de espécies vivendo nos mares pode chegar à casa dos milhões.

Os oceanos absorvem cerca de 30% do dióxido de carbono produzidos por seres humanos, amenizando o impacto do aquecimento global.

Os oceanos servem como maior fonte de proteína do mundo, com mais de 2,6 bilhões de pessoas dependendo deles como fonte primária de proteína.

A pesca marítima emprega direta ou indiretamente mais de 200 milhões de pessoas.

Subsídios para a indústria pesqueira estão contribuindo para o rápido esgotamento de muitas espécies de peixes e impedindo esforços para salvar e restaurar a pesca e os empregos relacionados a essa atividade. Isso gera uma redução anual de 50 bilhões de dólares de ganhos para o setor.

Até 40% dos oceanos são largamente afetados por atividades humanas, incluindo-se aí a poluição, o esgotamento da pesca e a perda de *habitats* naturais nas áreas costeiras.

A outra visão, denominada aqui intencionalista, liderada por movimentos sociais e alguns governantes estrangeiros, condena a falta de ousadia do texto, além de algumas lacunas como a não criação do fundo de contribuições dos países ricos. A entidade Amigos da Terra Internacional, por exemplo, critica o documento oficial da Rio +20 o descrevendo com "um atentado aos povos, porque é um documento vazio, sem alma e sem compromissos concretos com o meio ambiente e o desenvolvimento sustentável".[280]

Por seu turno, a Cúpula dos Povos[281] afirma em seu documento final que "a transformação social exige convergências de ações, articulações e agendas a partir das resistências e alternativas contra-hegemônicas ao sistema capitalista que estão em curso em todos os cantos do planeta".

Não obstante o documento final padecer de certa timidez ao enfrentar questões tidas por fundamentais, certo é que houve um avanço em determinados campos, como, por exemplo, a afirmação de uma eco-

---

280 http://invertia.terra.com.br/sustentabilidade/rio20/noticias/0,,OI5852147-EI20323,00-ONG+chama+documento+da+Rio+de+atentado+aos+povos.html
281 http://rio20.net/pt-br/propuestas/declaracion-final-cumbre-de-los-pueblos-rio20-por-la-justicia-social-y-ambiental

nomia sustentável como meio de superação de uma etapa do desenvolvimento capitalista, a modo de garantir a sobrevivência das presentes e futuras gerações na face da terra.

Referências Bibliográficas

ADORNO, Theodor W. *Teoria Estética.* Lisboa: Editora 70, 2004.

ARENDT, Hannah. *Origens do Totalitarismo.* São Paulo: Editora Cia. das Letras, 2004.
_____. *Homens em Tempos Sombrios.* São Paulo: Editora Cia. das Letras, 2003.

ARNAUD, André-Jean. *Globalização e Direito I – Impactos nacionais regionais e transnacionais.* 2ª Edição. Rio de Janeiro: Editora Lumen Júris, 2005.

AROUCA, José Carlos. *O Sindicato em um Mundo Globalizado.* São Paulo: Editora LTR, 2003.

ARRIGHI, Giovanni. *O Longo Século XX.* Rio de Janeiro: Editora Contraponto, 2006.

ASH, Timothy Garton. *Free World: Why a Crisis of the West Reveals the Opportunity of Our Time.* London: Penguin Books, 2004.

AZEVEDO, Plauto Faraco de. *Ecocivilização – Ambiente e direito no limiar da vida*, São Paulo: Editora Revista dos Tribunais, 2008.

BARROSO, Luiz Roberto. *Vinte Anos da Constituição Brasileira de 1988: O Estado a Que Chegamos.* São Paulo: Editora Saraiva, 2009.

BASTOS, Celso Ribeiro; MARTINS, Ives Gandra. *Comentários à Constituição do Brasil*. 7º Volume. São Paulo: Editora Saraiva, 1990.

BATISTA JR., Paulo Nogueira. *Consenso de Washington: A Visão Neoliberal dos Problemas Latino-Americanos*. São Paulo: Editora Paz e Terra, 1994.

BAUMAN, Zygmunt. *O mal-estar da Pós-Modernidade*. Rio de Janeiro: Zahar Editora, 1999.

BECK, Ulrich. *O que é Globalização? Equívocos do Globalismo, Respostas à Globalização*. São Paulo: Ed. Paz e Terra, 1999.

BERMAN, Marshall. *Tudo que é sólido desmancha no ar*. São Paulo: Companhia das Letras, 1986.

BITTAR, Eduardo C. B. *Linguagem Jurídica*. 4ª Edição. São Paulo: Editora Saraiva, 2009.

BLACK, H. C. *Black's Law Dictionary*. Sixth Edition. Centennial Edition, 1991.

BLOOM, Harold. *O Cânone Ocidental*. Rio de Janeiro: Editora Objetiva, 1995.

BOBBIO, Norberto. *Dicionário de Política*. Brasília: Editora UNB, 1998.
_____. *Direta e Esquerda – Razões e Significados de uma Distinção Política*. 2ª Edição. São Paulo: Editora UNESP, 2001.

BODIN, Jean. *De La République*. Paris: Elibron Classics, 2005.
_____. *Les Six Libres de La République*. Paris: Fayard, 1986.

BRESSER-PEREIRA, L. C. "O Segundo Consenso de Washington e a Quase – Estagnação da Economia Brasileira". In: *Revista de Economia Política*, vol. 23, nº 3 (91). São Paulo: Centro de Economia Política, julho-setembro de 2003.

BULOS, Uadi Lammêgo. *Direito Constitucional ao Alcance de Todos.* São Paulo: Editora Saraiva, 2009.

CANOTILHO, J. J. Gomes. *Direito Constitucional.* Coimbra: Editora Almedina, 1993.

CARVALHO, Paulo de Barros. *Direito Tributário Linguagem e Método.* São Paulo: Editora Noeses, 2008.

CASTRO, Almícar de. *Direito Internacional Privado.* 6ª Ed. Rio de Janeiro: Editora Forense, 2005.

COMPARATO, Fábio Konder. *Ética – Direito, Moral e Religião no Mundo Moderno.* 2ª Ed. São Paulo: Editora Companhia das Letras, 2006.

CONSTANT, Benjamin. *Curso de Política Constitucional.*

CONSTITUIÇÃO da República Federativa do Brasil, 1988.

COOTER, Robert D.; ULEN, Thomas. *Law and Economics.* Boston: Addison-Wesley Longmann, 2004.

COUTINHO, Carlos Nelson. *Encontros com a Civilização Brasileira,* Org. M. Silveira. Rio de Janeiro: Editora Civilização Brasileira, 1979.

CRETELLA NETO, José. *Empresa transnacional e direito internacional: exame do tema à luz da globalização,* Rio de Janeiro: Forense, 2006.
_____. *Teoria geral das Organizações Internacionais.* São Paulo: Ed. Saraiva, 2007.

DALLARI, Dalmo. *Direitos Humanos e Cidadania,* São Paulo:

Moderna, 1998.

DELGADO, Maurício Godinho; PORTO, Lorena Vasconcelos. *O Estado de Bem-Estar Social no Século XXI*. São Paulo: Editora LTr, 2007.

DERANI, Cristiane; COSTA, José Augusto Fontoura. *Globalização & Soberania*, Curitiba: Juruá Editora, 2004.

DINH, Nguyen Quoc; DAILLIER, Patrick; PELLET, Alain. *Direito Internacional Público*. 2ª ed. Lisboa: Fundação Calouste Gulbenkian, 2003.

DOLINGER, Jacob. *Direito Internacional Privado*. Rio de Janeiro: Editora Renovar, 2003.

DRIVER, Stephanie Schwartz. A *Declaração de Independência dos Estados Unidos*. Trad Mariluce Pessoa. Rio de Janeiro, Jorge Zahar, 2006.

DRUCKER, Peter. *Administrando para o Futuro: Os anos 90 e a virada do século*, São Paulo: Editora Thomson Pioneira, 1998.

DUPAS, Gilberto. *O Grupo do Rio e a Globalização Grupo de Reflexão de Alto Nível*, Org. Heloísa Vilhena de Araújo, Coleção Questões Internacionais, documento-base preparado para o Grupo de Reflexão de Alto Nível do G-Rio, 2004.

FAORO, Raimundo. *Os Donos do Poder*. Rio de Janeiro: Editora Globo, 2001.

FARIA, José Eduardo. *O Direito na Economia Globalizada*. 1ª Ed. São Paulo: Malheiros Editores, 2004.

FEITOSA, Maria Luiza Pereira de Alencar Mayer. *Paradigmas Inconclusos: Os contratos entre a autonomia Privada, a Regulação Estatal e a Globalização dos Mercados*, Coimbra: Coimbra Editora, 2007.

FERREIRA FILHO, Manoel Gonçalves. *Princípios Fundamentais do direito Constitucional*. São Paulo: Editora Saraiva, 2009.

FINKELSTEIN, Cláudio. *Lições de Direito constitucional em homenagem ao Jurista Celso Bastos: a caminho de uma Federação Europeia.* São Paulo: Saraiva, 2005.

FOUCAULT, Michel. *Vigiar e Punir.* Petrópolis: Editora Vozes, 1997.
_____. *A Verdade e as Formas Jurídicas.* Rio de Janeiro: Nau Editora, 2003.

FLUSSER, Vilém. "Da Tradução". In: *Cadernos Brasileiros, X.* Outubro de 1968.

FREI BETO, *Fórum Internacional sobre Direitos Humanos e Direitos Sociais.* São Paulo: Editora Ltr, 2004.

FUKUYAMA, Francis. *O fim da história e o último homem.* Rio de Janeiro: Rocco, 1992.

GASSETT, Ortega y. *Rebelião das massas.* São Paulo: Martins Editora, 2002.

GIDDENS, Anthony. *A Terceira Via – Reflexões sobre o impasse político atual e o futuro da socialdemocracia.* 5ª Ed. Rio de Janeiro: Editora Record, 2005.
_____. *A Política da Mudança Climática.* Rio de Janeiro: Editora Zahar, 2009.

GOUVEIA, Carlos Marcelo; HOFFMANN, Luis Augusto A. de Almeida. *Atual Panorama da Constituição Federal.* São Paulo: Editora Saraiva, 2008.

GOMES, Dinaura Godinho Pimentel. *Direito do Trabalho e Dignidade da Pessoa Humana, no Contexto da Globalização Econômica – Problemas e Perspectivas*. São Paulo: Editora LTr, 2005.

GRAMSCI, Antonio. *Cadernos do Cárcere*. Rio de Janeiro: Editora Civilização Brasileira, 2001.

GUERRA, Sidney. *Globalização – Desafios e Implicações para o Direito Internacional Contemporâneo*. Ijuí: Editora Unijuí, 2006.

HARDMAN, Francisco Foot. "As pirâmides perpétuas de Faoro". In: *O Estado de São Paulo*. São Paulo, 2009.

HEGEL, Georg Wilhelm Friedrich. *Princípios da Filosofia do Direito*. São Paulo: Martins Editora, 2003.

HESSEN, Johannes. *Filosofia dos Valores*. Coimbra: Editora Armênio Amado, 1974.

HOBBES, Thomas. *Leviatã*. Tradução de João Paulo Monteiro e Maria Beatriz Nizza da Silva. São Paulo: Martins Fontes, 2003.

HOBSBAWN, Eric J. *A Era dos Extremos*. São Paulo: Companhia das Letras, 2008.
_____. *A Era das Revoluções*. São Paulo: Editora Paz e Terra, 2005.
_____. *A Revolução Francesa*. São Paulo: Editora Paz e Terra, 1996.

HOBSBAWN, Eric; RANGER, Terence. *A Invenção das Tradições*. São Paulo: Editora Paz e Terra, 2006.

HOUAISS, Antonio. *Dicionário Houaiss da Língua Portuguesa*. Instituto Antonio Houaiss. Rio de Janeiro: Editora Objetiva, 2001.

HUNTINGTON, Samuel. *El Choque de Civilizaciones y la Re-*

configuración Del Orden Mundial. Tradução José Pedro Tosaus Abadia. Barcelona: Paidós, 2005.

HURRELL, Andrew. *On Global Order: Power, Values, and the Constitution on International Society.* Oxford: Oxford University Press, 2009.

IANNI, Octavio. *Desafios da Globalização.* Petrópolis: Vozes, 2002.

JUNQUEIRA, Carla. *O Brasil e o Contencioso na OMC – Regras Processuais e Procedimentos do Órgão de Solução de Controvérsias da OMC.* São Paulo: Editora Saraiva, 2008.

KELSEN, Hans. *Teoria Pura do Direito,* 7ª Ed. São Paulo: Editora Martins Fontes, 2006.
_____. *Peace Through Law.* Chapel Hill: University of North Carolina Press, 1984.

KEYNES, John Maynard. *Teoria Geral do Emprego, do Juro e da Moeda.* São Paulo: Editora Atlas, 1992.

KEROUAC, Jack. *On the Road.* Porto Alegre: Editora L&PM Pocket, 2002.

KISSINGER, Henry. *Memórias.* 3º Vol. Tradução Joubert de Oliveira Brízida. Rio de Janeiro: UniverCidade, 2001.

_____ *Diplomacia.* Rio de Janeiro: Ed. UniverCidade, 2001.

KOSIK, Karel. *Dialética do Concreto.* São Paulo: Editora Paz e Terra, 1976.

KUCZYNSKI, Pedro-Pablo; WILLIAMSON, John. *Depois do Consenso de Washington: crescimento e reforma na América Latina.* São Paulo: Editora Saraiva, 2003.

KUMAR, Krishan. *Da Sociedade Pós-Industrial à Pós-Moderna.* 2ª Ed. Rio de Janeiro: Zahar, 2006.

LAFER, Celso. *Hannah Arendt – Pensamento, Persuasão e Poder.* São Paulo: Ed. Paz e Terra, 2003.

LANDES, David. "Why Europe and the West? Why Not China?". In: *Journal of Economic Perspectives* - Volume 20, Nº 2. Nashville: American Economic Association, 2006.

LENIN, Vladimir. *Imperialismo, Fase superior do Capitalismo.* São Paulo: Editora Centauro, 2003.

LOCKE, John. *Ensaio sobre o entendimento humano.* Lisboa: Editora Calouste Gulbenkian, 2008.
_____. *Dois Tratados sobre o Governo.* São Paulo: Martins Fontes, 2005.

LUXEMBURGO, Rosa. *A Crise da Social-Democracia.* Lisboa: Presença, 1974.

MARTINS FILHO, Ives Gandra. *O Estado do Futuro.* São Paulo: Editora Pioneira, 1998.
_____. *Manual Esquemático de Filosofia.* São Paulo: LTr, 2004.
_____.; BASTOS, Celso Ribeiro. *Comentários à Constituição do Brasil.* 7º Volume. São Paulo: Editora Saraiva, 1990.

MARX, Karl. *O Capital.* Tradução Reginaldo Sant'anna. Rio de Janeiro: Civilização Brasileira, 1999.

MENDES, Gilmar Ferreira. *Direitos Fundamentais e Controle de Constitucionalidade.* São Paulo: Editora Saraiva, 2004.
_____; COELHO, Inocêncio Mártires; BRANCO, Paulo Gustavo Gonet. *Curso de Direito Constitucional.* 4ª Ed. São Paulo: Editora Saraiva, 2009.

MIRANDA, Jorge. *Teoria do Estado e a Constituição*. 3ª Ed. São Paulo: Forense, 2011.

MIRANDA, Pontes. *Tratado de Direito Privado*. Rio de Janeiro: Livraria José Olympio Editora, 1935.

MONTESQUIEU, Charles-Luis de Secondat. *O Espírito das Leis*. São Paulo: Martins Fontes, 2005.

NEGRI, Antonio. *Império*. Rio de Janeiro: Record, 2001.

NIETZSCHE, Friedrich. *A Gaia Ciência*. São Paulo: Companhia das Letras, 2007.

NUSDEO, Fábio. *Fundamentos para uma Codificação do Direito Econômico*. São Paulo: Ed. Revista dos Tribunais, 1995.

PASCOWITCH, Julia de Souza Queiroz. In: *Atual Panorama da Constituição Federal*. Orgs. Carlos Marcelo Gouveia e Luiz Augusto Azevedo de Almeida Hoffmann. São Paulo: Editora Saraiva, 2009.

PAZ, Octavio. *Obras Completas*. Cidade do México: Ed. Fondo de Cultura Econômica, 1994.

PIOVESAN, Flávia. *Direitos Humanos e Justiça Internacional*. São Paulo: Editora Saraiva, 2006.
_____. "Direitos Humanos, Globalização Econômica e Integração Regional". In: *Desafios do Direito Constitucional*. São Paulo. Max Limonad, 2002.

PLATÃO, *O Banquete*. São Paulo: Editora Edipro, 2007.

POSNER, Richard. *Economic Analysis of Law*. New York: Editora Wolters Kluwer, 2007.

REED, John. *Os dez dias que abalaram o mundo*. Porto Alegre:

L&PM Pocket, 2004.

RIBAS, Antonio Joaquim. *Direito Administrativo Brasileiro*. Brasília: Ministério da Justiça, Serviço de Documentação, 1968.

RICARDO, David. *Sobre a Teoria do Valor*. Lisboa: Editora Inquérito, 1960.

ROUSSEAU, Jean Jacques. *Do Contrato Social*. São Paulo: Martim Claret, 2000.

SANTOS, Milton. *Por uma outra globalização: do pensamento único à consciência universal*. Editora Record, Rio de Janeiro, 2008.

SAYEG, Ricardo Hasson; BALERA, Wagner. *O Capitalismo Humanista: Filosofia Humanista de Direito Econômico*. Petrópolis: KBR, 2011.

SEINTEFUS, Ricardo. *Manual das Organizações Internacionais*. São Paulo: Editora Livraria do Advogado, 2008.

SERRANO, Pedro Estevam. *O Desvio do Poder na Função Legislativa* - Col. Juristas da Atualidade. São Paulo: Ed. FTD, 1997.

SCHWABE, J. *Cinquenta Anos de Jurisprudência do Tribunal Constitucional Federal Alemão*. São Paulo: Konrad Adenauer, 2005.

SIGMUND, Freud. *Technique Psychanalytique*. Paris: Editora PUF, 2007.

SILVA, José Afonso da. *Curso de Direito Constitucional Positivo*. 27ª Ed. São Paulo: Malheiros Editores, 2006.

SMITH, Adam. *A Riqueza das Nações*. Curitiba: Editora Juruá, 2003.

SOARES, Ricardo Maurício Freire. *O Principio Constitucional da Dignidade da Pessoa Humana*. São Paulo: Editora Saraiva, 2010.

SOFOCLES. *Edipo Rei*. Proto Alegre: L&PM Pocket, 1998.

STIGLITZ, Joseph E. *Rumo a um Novo Paradigma em Economia Monetária*. Brasília: Francis, 2004

STORY, Joseph. *Comentaries on the Conflict of Laws in regard to Contracts, Rights and Remedies and especially in regard to Marriages, Divorces, Wills, Successions and Judgments*. New Jersey: The Lawbook Exchange Ltd., 2007.

STRENGER, Irineu. *Direito Internacional Privado*. 5ª Ed. São Paulo: Editora LTr, 2003.

TAVARES, André Ramos. *Direito Constitucional Econômico*, São Paulo: Método, 2003.
_____.; MENDES, Gilmar Ferreira; MARTINS, Ives Gandra da Silva. *Lições de Direito Constitucional em Homenagem ao Jurista Celso Bastos*. São Paulo. Editora Saraiva. 2005.

TOLEDO, Gastão Alves de. *Tratado de Direito Constitucional 2*. São Paulo: Editora Saraiva, 2010.

TOURAINE, Alain. Entrevista ao Caderno "Aliás". In: *O Estado de São Paulo*, 31 de janeiro de 2009.
TRINDADE, Antonio Augusto Cançado. *O direito Internacional em um mundo em transformação*. São Paulo: Editora Renovar, 2002.

TROTSKY, Leon. *O imperialismo e a crise da economia mundial*. São Paulo: Editora Sundermann, 2008.

VOLKOGONOV, Dmitri. *Os Setes Chefes do Império Soviético*. Rio de Janeiro: Editora Nova Fronteira, 2008.

VON PUFENDORF, Samuel. *Two Books Of The Elements Of Universal Jurisprudence.* Indianápolis: Liberty Fund, 2009.

WEBER, Max. *Theory of social and economic organization.* New York: Editora Free Press. 1997.
_____ *Economy and Society: An Outiline of Interpretation Sociology.* Berkeley: University of California,1978.

WOLFE, Tom. *Fogueira das Vaidades.* Rio de Janeiro: Rocco, 1988.

WRISTON, Walter B. *O Crepúsculo da Soberania*, São Paulo: Makron Books, 1994.

ZAKARIA, Fareed. *O Mundo Pós-Americano.* São Paulo: Editora Companhia das Letras, 2008.

Sítios eletrônicos consultados

http://www.wto.org/
http://www.worldbank.org/
http://www.onu.org.br/conheca-a-onu/
http://www.planalto.gov.br/ccivil_03/constituicao/constitui-cao24.htm
http://www.imf.org/external/index.htm
http://www.alcoa.com/global/en/home.asp
http://www.ecelambiental.com.br/artigos.php
http://www.wto.org/spanish/news_s/news09_s/news09_s.htm
http://money.cnn.com/2008/12/01/magazines/fortune/iceland_gumbel.fortune/
http://www.sedlabanki.is/?PageID=178
http://www.ibccrim.org.br
http://www.wto.org/spanish/news_s/news09_s/igo_30jun09_s.htm
http://www.dicta.com.br/edicoes/edicao-3/em-busca-do-equi-